Burma

# ミャンマーに平和は来るか

アウン・サン・スー・チー守護霊、
ミン・アウン・フライン将軍守護霊、
釈尊の霊言

Ryuho Okawa
大川隆法

# まえがき

仏教国が揺れている。最も平和を望む宗教を信じる国で、軍事独裁化が進んでいる。暴力革命を肯定したカール・マルクスとその思想が世界を救うと考えている人々もいる。「銃口から革命が生まれる」と語った毛沢東思想で、世界制圧を考えている人々もいる。

ミャンマー（ビルマ）は悲劇的だ。第二のチベットになるのか。香港のように恐怖の支配が始まるのか。

軍人たちが実弾で一般市民や僧侶を射撃している姿に、涙を流すのは私一人ではなかろう。

まず正邪の価値判断が先行する。次は的確な言論と、国際的な包囲網だ。最後は勇気をもって実行することだ。

アウン・サン・スー・チー女史を見殺しにしてはならない。日本政府は彼女の解放を求めて行動を起こすべきだ。

二〇二一年　三月十九日

幸福の科学グループ創始者兼総裁　大川隆法

# ミャンマーに平和は来るか　目次

# 第2章　クーデターの真相と中国の狙い

――ミン・アウン・フライン将軍守護霊の霊言――

二〇二一年三月十一日　収録
幸福の科学　特別説法堂にて

# 第3章 ミャンマー問題への総括

——釈尊の霊言——

二〇二一年三月十一日 収録
幸福の科学 特別説法堂にて

# 〈特別収録〉ミャンマー・クーデターに対する宇宙からのメッセージ

——ＵＦＯリーディング61（ウィルマー星ウィルマー）——

二〇二一年三月十日　収録
幸福の科学　特別説法堂にて

## 2

## 中国によるミャンマー乗っ取りの陰謀　165

## 3　ウィルマー星人の憂いと願い　180

「霊言現象」とは、あの世の霊存在の言葉を語り下ろす現象のことをいう。これは高度な悟りを開いた者に特有のものであり、「霊媒現象」（トランス状態になって意識を失い、霊が一方的にしゃべる現象）とは異なる。外国人霊の霊言の場合には、霊言現象を行う者の言語中枢から、必要な言葉を選び出し、日本語で語ることも可能である。

また、人間の魂は原則として六人のグループからなり、あの世に残っている「魂のきょうだい」の一人が守護霊を務めている。つまり、守護霊は、実は自分自身の魂の一部である。したがって、「守護霊の霊言」とは、いわば本人の潜在意識にアクセスしたものであり、その内容は、その人が潜在意識で考えていること（本心）と考えてよい。

なお、「霊言」は、あくまでも霊人の意見であり、幸福の科学グループとしての見解と矛盾する内容を含む場合がある点、付記しておきたい。

# 第1章

# ミャンマー情勢への憂い(うれ)と願い

## ――アウン・サン・スー・チー守護霊(しゅごれい)の霊言(れいげん)――

二〇二一年三月十一日　収録

幸福の科学　特別説法堂(せっぽうどう)にて

アウン・サン・スー・チー（一九四五〜）

ミャンマー（ビルマ）の政治家、民主化運動指導者。ビルマ建国の父アウン・サン将軍の娘。一九八八年、イギリス留学から帰国後、国民民主連盟（ＮＬＤ）を結成して総書記に就任するが、軍事政権により二〇一〇年まで断続的に自宅軟禁下に置かれる。一九九一年、ノーベル平和賞を受賞。二〇一二年、ＮＬＤ議長に就任し、下院議員に初当選を果たす。一五年、総選挙でＮＬＤが軍事政権に圧勝。二〇年十一月の総選挙で再び圧勝するも、二一年二月一日に国軍がクーデターを実行し、拘束された。

［質問者三名は、それぞれＡ・Ｂ・Ｃと表記］

## 1　日本では関心の低いミャンマー問題について

### 軍部独裁か民主政治かで揺り返しが何度も起きているミャンマー

大川隆法　おはようございます。

今日は、ミャンマー問題、まあ、ビルマですね、「ミャンマーに平和は来るか」ということで、日本人の情報収集はそんなに十分ではないとは思うので、「何か起きているらしい」と、ボヤッと感じているぐらいかなと思います。その程度の関心かと思うのです。

アウン・サン・スー・チー女史の守護霊などの意見を訊いてみたいし、今、クーデターを起こしている将軍がどんな人かなどについても訊いてみたいところです。

まあ、ちょっと調べられるかどうかは分かりません。まだ接触していないので、どんな人なのか、話ができるかどうか、ちょっと分かりませんが、訊いてみたいと思っています。

スー・チーさんについては、（守護霊と）ちょっと接触した感じではかなり弱っているようです。もう七十五歳ですので、「このまま軟禁して出られないようにしていれば、衰弱して死ぬことだってあるかもしれない」という感じでしょうか。そんな感じに見えるので、元気のいいやり取りができるかどうかは分かりません。

みな、あまり多くは知らないこともあるかと思います。香港や台湾に比べれば、ずっと、知っていることは少ないかと思います。日本の新聞とかテレビとかにもたまに出ることはあるのですけれども、まとまって起きていることとか、あるいは、ミャンマーのここ何十年かの歴史等は、そう簡単にパッとは分からないのではないかと思います。

やはり軍部のほうのクーデターのようなものも何度も起きていて、民主政治をやるか、軍部独裁をやるかというようなことで、揺り返しは何度も来ています。

## 歴史を見るかぎり、悲劇性の高いスー・チー女史

大川隆法　スー・チーさんは、実は「ビルマ建国の父」といわれているアウン・サン将軍の長女ですけれども、お父さんは自分が二歳のときに暗殺されています。

そのあと、チベット研究家のイギリス人と結婚したりもしていますが、まあ、これが、現在、憲法改正されてミャンマーで大統領になれないようにされた理由でもあるのです。

オックスフォード大学にも留学しているし、一九八五、六年ぐらいに、京都大学の東南アジア研究所の客員教授として日本にも来ています。これは、私も覚えています。

彼女は政党もつくってやっているのですが、なかなかうまくいかない感じですね。たびたび軟禁されたりして、歴史を見るかぎりは、そうとう悲劇性が高いかなと思っています。ノーベル平和賞も軟禁されたままでもらっているのですけれども、そ

ういうことをすると、軍部のほうは余計に怒ることもあります。

## ミャンマーの軍部によるクーデターの経緯について

大川隆法　ノーベル平和賞をもらっていて、最近では、また選挙では勝ったのですけれども、さらに「ロヒンギャ問題」というものが出てきていて、これも、ちょっと聞いたことはあるだろうけれども、内容は分かりにくいと思います。

　ミャンマー、ビルマに入り込んでいるイスラム教徒たちに対して軍部が掃討作戦をやって、バングラデシュのほうに難民として逃げていたのですが、「帰ってきたい」という運動をやっているのです。

　この点に関しては、スー・チーさんも軍部のほうとちょっと宥和的関係になっています。ビルマは仏教の国なのですけれども、イスラム教徒と共存するのはけっこう難しいところがあって、これについては、軍部に対して宥和的であったので、「ノーベル平和賞を取った人が、そんなことでいいのか」ということで国際的非難もあったりして、弱っているところに、今年の二月、クーデターを起こされた感じです。

去年（二〇二〇年）の十一月の総選挙では、「NLD」という、彼女が率(ひき)いている政党が大勝利しているのです。「国民民主連盟」「The National League for Democracy(ザ ナショナル リーグ フォー デモクラシー)」というのですけれども、日本人は「NLD」などと言われても、もう、ちょっとついていけないところはあるのですけれども（苦笑）。

これが大勝したのですけれども、クーデターを二月の頭に起こされています。ちょっと、新聞などもあまり参考にならないので……。（原稿(げんこう)を手に取って）これは『黒帯英語』の原稿です。今、発刊されているのは『十一段④』（宗教法人幸福の科学刊）までなのですが、今、『十二段④』を半分ぐらいつくっているところです。このあと、編集はどうなるか分かりませんが、これの最初のところに、ミャンマーのクーデターについてかなり詳(くわ)しかった「インターナショナル・ニューヨーク・タイムズ」から記事を取ったものを集めてみました。

それによると、「朝、鶏が鳴く前に、みんな逮捕に来た」というようなことが書いてあります。さすがはミャンマーというか、ビルマです。「雄鶏がまだ鳴かず、僧侶らも裸足で朝の托鉢に出発していない夜明け前にクーデターが実行された」と、ここまで書いてあるので、何となくよく分かる感じがします。

## 「軍部に対する民衆や僧侶の反対運動」と「軍による弾圧」の状況

大川隆法　軍部に対しての反対運動はけっこう難しくて、二〇〇七年には、小さな小型カメラで撮ったものを編集してつくったドキュメンタリーがアカデミー賞候補になったということで、知られてはいます。ビルマで撮ったものをオスロに送って、向こうから、ＣＮＮとかＢＢＣとかを使って、「ビルマのなかが、どうなっているか」が世界に配信されていたのです。その実情のところを捉えたドキュメンタリーがあることはあるのです。

民衆は僧侶を頼りにして、僧侶が托鉢のお鉢を逆さまにして持ったまま裸足で歩いて、四十万人ぐらいいたらしいのですけれども、これで、民衆と一緒になって軍部と対決して、引っ繰り返そうとしてやっていましたが、やはり大弾圧を受けて、僧侶も殺されたりもしていました。

現在もまた、かなり厳しい状況です。

大通り等でのデモをやったりすると一斉に攻撃を受けてしまいます。軍部のほうが射撃するので、あまり大勢集まると危ないということで、裏通りなどでやっているようなのです。

そこでは、軍部のほうの将軍、なかなか向こうの人の名前は読みにくいのですが、「ミン・アウン・フライン上級大将」の写真をコピーしたものを路地の上にいっぱい貼り付け、それの上をみんな踏んで、踏んで歩いて、抗議運動をするのです。

今度は軍部とか警察のほうがそこの路地裏の所に車で入ろうとすると、写真がいっぱいコピーして置いてあるので、それを踏むと罰が当たるわけだから、全部剥がしてからでないと行けないということで、それをやっているうちにデモ隊が逃げてしまうような感じのイタチごっこに、今、変化しているとも言われております。

## 軍事政権を認めていない欧米と、認めた上で交渉している日本

大川隆法　日本のほうは、昨日（二〇二一年三月十日）の新聞では、「ロヒンギャ問題等で、二十億円以上投下する、援助する」というようなことを言っています。もう一つ援助のことも何か出していましたけれども、やはり軍部、軍政のほうを、いちおう政府として相手にしているようですね。

以前からそうなのですが、いまだに、イギリスとかアメリカ合衆国が「ミャンマー」という言葉をあまり使わないで、「ビルマ」という昔の名前をそのまま使っているのは、軍事政権を認めないという意味なのです。日本はいち早く認めて、「ミャンマー、ミャンマー」と言っているので、私も言いにくいのですけれども。今も、軍事政権を認めた上で交渉しているけれども、まあ、あちら（英米）のほうは、何と言うか、「やり方を変えるのは拒否」というような感じでやっているようです。

もう、ちょっと見通しが利かない感じで、今、スー・チー女史もかなり絶望しているような感じには見えております。

## 意見を聞くために、アウン・サン・スー・チー女史の守護霊を招霊

大川隆法　このあたりをちょっと追究してみようと思います。

二人に聞いても全然、埒が明かないようでしたら、まだ仏教国ではあるので、釈尊の意見でも聞くかと思ったりもしています。

何語でいったらいいのでしょうか。

スー・チーさんについては、英語は大丈夫でしょうけれども、日本語は……、まあ、たぶん日本語でも変換可能で、少しは京大にいたので、話はできると思います。

ただ、このフラインさんは、ちょっとよく分からないのですが、ラングーン芸術科学大学（現・ヤンゴン大学）法学部卒で、このあと国軍士官学校に入っているので、まあ、もしかしたら英語がしゃべれる可能性はありますが、日本語変換ができ

るかどうかは分かりません。

ということで、（質問者を指して）問題意識は持っておられると思うし、教祖殿に貼ってある地図によれば、ミャンマーに八人ほど当会の信者がいることになっていますけれども、もしかしたら、もう増えているかもしれません。

質問者A　はい。

あと、日本の国内にもミャンマー国籍の信者が、今、八十四人います。

大川隆法　国内にもいるのですね。

質問者A　そのうち、三帰者（三帰誓願者）は三十四人です（三帰誓願者については巻末の「入会のご案内」参照）。

大川隆法　三帰者が三十四人いるのですね。では、少しは連絡(れんらく)が取れるというか、関係を持つことは可能なあたりですね。

まあ、頼りにしているけれども、日本の動きは鈍(にぶ)いだろうなと思います。おそらく、優先度はかなり低い。もう、ほとんどコロナばかりやっていますので。コロナと国内問題、政権潰(つぶ)しの報道ばかりやっていますから、おそらく関心は薄(うす)いと思います。

スー・チーさんは、たぶん話はできると思うので、こちらを先に呼んでみますね。(合掌(がっしょう)して)では、ミャンマーのNLDのリーダーでもあり、国家顧問(こもん)でもあるアウン・サン・スー・チー女史の守護霊をお呼びしたいと思います。

アウン・サン・スー・チー氏の守護霊よ、アウン・サン・スー・チー氏の守護霊よ。日本の幸福の科学にお出(い)でいただいて、今の現状や考えていること、こうなってほしいということ、あるいは日本に要望すること等がありましたら、ご意見を頂ければ幸いです。

スー・チー女史の守護霊よ、スー・チー女史の守護霊よ。

（約十秒間の沈黙）

## 2　軍事クーデターの背後にある中国の狙い

### 非力を嘆き、仏陀に救いを求めるスー・チー女史守護霊

アウン・サン・スー・チー守護霊　うん、うーん……。

質問者B　こんにちは。

アウン・サン・スー・チー守護霊　うーん、ああ、ああ、うん、うん。こんにちは。

質問者B　アウン・サン・スー・チーさんの守護霊様でいらっしゃいますか。

アウン・サン・スー・チー守護霊　そうです。

質問者B　今日はお出でいただきましてありがとうございます。

アウン・サン・スー・チー守護霊　あっ、はい。

質問者B　今は、とても大変な情勢で……。

アウン・サン・スー・チー守護霊　はあー（ため息）。

質問者B　二月にクーデターが起きたということですが、全世界が注目しているなかで、スー・チーさんの直接のメッセージが頂けるというのは、たいへん貴重な機会だと思います。

アウン・サン・スー・チー守護霊　ああ、そうですね。もう出られませんのでねえ。取材を受けられないので。

うーん、もう本当に困りましたね。世界的にも、「民主主義 対 軍事独裁の戦い」みたいな感じになってきたんですかねえ。まあ、大きく言えばそうですよね。そうなっているから。

いやあ、実際、私たちはもう本当、一般民衆と僧侶、裸足の僧侶たちだけで、この軍部と戦うというのは、ちょっと厳しい。もう、国際社会の報道や経済制裁や、あるいは軍事的な威嚇か何かでもないと、自分らの自力では、もうどうにもならない。

私も何回も軍部に捕まえられて、軟禁されたか監禁されたか分からない状態なんで。

この国、仏陀、救いたまえ。もうどうしたらいい？　もう未来がないです。

質問者B　今、とても大変な状況(じょうきょう)のなかですが、仏教国でもあるので、仏陀に救いを求めているということでしょうか。

アウン・サン・スー・チー守護霊　僧侶を殺すようになったら、もうどうにもならないですね。素手(すで)で戦えませんからねえ。

それと、イスラム教徒が入ってきて、まあ、それは、いろいろ融和(ゆうわ)も必要なんだとは思うけど、イスラム教は戦闘(せんとう)してもいい宗教なので。だから、イスラム教が侵入(しんにゅう)してくると、このビルマもそうですけど、タイとかもそうですけども、やっぱり、仏教徒たちも、あるいは僧侶たちまで武装し始めているので。武装しないとイスラム教に勝てないのですが、「イスラム教」と「軍部」と両方が武力を持っているので。

いやあ、これ、平和共存するのはとても難しいです。

## コロナ禍にミャンマーを訪れ、軍のトップと会った習近平氏の意図

質問者B　今、ミャンマーは、国内でもロヒンギャ問題などがありますが、国際情勢として、ミャンマーを取り巻く情勢そのものが非常に難しくなっているのではないかと思います。

例えば、習近平さんが「一帯一路」の構想で、ミャンマーに対して非常に関心を持っています。そして、アメリカのほうでもバイデン新政権ができて、外交的な方針が変わろうとしています。

こういったなかで、ちょうど今、国際社会に対してメッセージを発したいタイミングなのかと思うのですけれども。

アウン・サン・スー・チー守護霊　そうなんです。バイデン氏にも、「どうぞ、ビルマのこともお忘れなく」と、今、情報としては発信していると思いますけど、ど

こまで動くかは分からないですねえ。

去年の二〇二〇年の一月にね、習近平が、コロナの問題が起きているときなのにねえ、ミャンマーに来て、軍のトップと会ってね、意見をすり合わせて、ねえ? 考え方を一致して、利益を共通するというようなことでね。

そして、中国の「一国一制度」に全部変えていく、香港も台湾も全部、中国・北京と同じに〝支配下に置く〟っていうようなのを、軍部のほうが賛成して、その見返りに、(中国は)ビルマの、ミャンマーの軍政を認めて支援すると。

欧米とかから(制裁等を)やられるのが分かっているから、「非難されてもやる」という裏付けを(中国に)取ってからね、それで、私たちの政党が圧勝したら、そのあとクーデターですからねえ。

まあ、もう〝出来レース〟っていうか、最初からそのつもりだったんだろうと思うんですが。

去年の一月の、そのコロナ騒ぎが起きる段階、世界中がコロナ騒動になる段階でミャンマーに来ているという、この習近平の動きを見ると、すっごく戦略性があって。もう、世界が混乱している間に、アジアのほうを押さえようとして、支配下に置こうとしている意図はありありとしていますね。

これが、中国が軍事的にも経済的にも支援するということになれば、それは、彼ら（軍部）は国を牛耳ることは可能になりますから、経済制裁は効かないですよねえ。

質問者Ｂ　そうしますと、やはり、今回の軍のクーデターの背景には、中国からの関与といいますか、関係があると。

アウン・サン・スー・チー守護霊　いや、「傀儡政権」をつくろうとしていると思いますね、おそらくね。

いやあ、今、国際政治の時代ですけどねえ。（ビルマは）イギリスから独立したものの、あとはもう、「軍政」と「民主政治」の間で〝錐揉み状態〟だし、香港もイギリスから独立したものの、「もとがよかった」みたいになって。

いやあ、アジアが後れているのかどうか分かりませんが。うーん、どうにかしたいし、日本がやり損ねた革命ねえ？　アジアに対する民主化が、日本にはできなかったのか。まあ、そのへんもちょっと疑問があるんですけどねえ。

## 「民主主義の『議会制の政治』にし、豊かでモラルの高い国にしたい」

質問者B　今まで、ミャンマーでは、軍政が非常に長い期間ありましたが、スー・チーさんは、欧米社会からも民主化運動のリーダーとして認められて、ノーベル平和賞も取られています。

「こうありたいな」というイメージとして、「ミャンマーをこういうふうにしたかった」「こういう国にしたい」といったイメージは、何かお持ちなのでしょうか。

アウン・サン・スー・チー守護霊　いや、それは、欧米を知っている人間としてはねえ、民主主義の「議会制のキチッとした政治」にしたかったし。日本だって、はるかに豊かで、モラルの高い国ですからねえ。そんなふうになれないものかなあと思うし。

日本の自衛隊は、あなたがたから見れば、「全然仕事をしないので役に立たない」と見ているとは思うけれども、ミャンマーの軍部がこの自衛隊ほど自制してくれれば本当に助かるんですが。暴走されると、もうどうにも手がつけられない。市民を撃ちますからねえ、本当にもう。膝を立てて、構えて撃つんで、それはもうたまらない。たまらないです。

## ミャンマー軍部は中国を利用しているつもりでも、中国のほうは……

質問者C　先ほど、いみじくも、ちょっと中国との関係をおっしゃった関連で、世界の方々の理解を得るために、できればもう一段、そこのところでご質問させていただきたいのですが。

この十年ぐらいの流れを見ますと、軍部のほうの本音のあたりに関して、おそらく世界のいろいろな人が少し注視しているようなところはあるのかなという感触はあります。

といいますのが、そうは言っても、この十年ぐらい、中国からのビルマへの侵入に、けっこう激しい部分もあったようには見えますので。それで、軍部も含めて、「これはややたまらないな」という部分もあって、オバマ政権時代のアメリカなどに、門戸を多少開くといいますか、そうしたことを進めていくために、軍部はスー・チーさんの民主化のところに関しても、一定の妥協を進めたといったことが感じられました。

もちろん、軍部は中国とはある程度同通するところもあるのだけれども、そうは言っても、あなた様のおっしゃるとおり、中国に〝丸ごと乗っ取り〟にかかられそうな感じもあるので、そのへんで、軍部のほうもちょっと両面性があったようには見えたのですが、それが、ここに来て、一気にガンッと引っ繰り返った感じで、ちょっとびっくりはしたのです。

そのへんのことについて、後ほどまた質問できる機会もあるかもしれないのですけれども、軍のほうの中国に対する見立ての本音の部分、あるいは、両面性があるのかないのかといったあたりは、どんな感じでご覧になっていましたでしょうか。

アウン・サン・スー・チー守護霊　軍のほうは、それは、中国を利用しようと思っているだけだとは思いますけれども。

中国のほうは、かつてベトナムで、「ベトコン 対 米軍」の戦いを応援してね、結局、「中国軍 対 アメリカ軍」の戦いになって、アメリカをベトナム戦争で破ってね、全部を共産主義国にしてしまった。その実績があるからね、同じようなことを、たぶん考えていると思う。また欧米が介入することは予想しているはずですけど。

うーん、ミャンマーの軍部は、中国を支援で使おうとだけ思っているけど、中国のほうは、やっぱり〝乗っ取り〟をかけているだろうと思います。まあ、だから、それはもう、手のひらの上に乗せられたようなものでしょうね。だから、本当に支援を頼ったら、国を取られるかたちになりますよね。中国本土自体が「民主政」を望んでいませんからね。

もし、それを認める、私たちの勢力みたいなのを認めるなら、台湾だって香港だって生き残れますからね。だから、ここで、軍事で一気に「全体主義体制」をつくり上げてしまって、〝挟み撃ち〟にして、たぶん本当に、台湾も香港も全部落としていきたいんだろうと思いますね。

だから、私たちは「弱い」と見られて、狙われているんだと思います。

質問者C　そうしますと、ある種、軍のほうは魂を売り渡してしまったといいますか、そんな感じに近いということでしょうか。

アウン・サン・スー・チー守護霊　多少ねえ、仏教に敬意を表するふりをしたりね、いろいろ小手先(こてさき)の交渉(こうしょう)はするんですけどねえ。だけど、民衆の心を操縦しようとしてやっているけど、本心は、自分らが権力を取りたいだけですからね。

## ミャンマーに介入(かいにゅう)する習近平(シージンピン)氏が頭のなかで考えていること

質問者B　ミャンマーが注目されている一つの理由として、地政学的に、中国から見ると、中国内陸部の雲南省(うんなんしょう)のあたりからビルマを通っていくと、インド洋に出られるということがあります。

そういう視野の下(もと)に、軍のクーデターが起きたり、中国の介入(かいにゅう)が窺(うかが)えたりという状況かと思いますが、このあたりのところは、どういうふうに考えておられるのでしょうか。

アウン・サン・スー・チー守護霊　習近平の頭のなかでは、おそらく、昔の中国がインドシナ半島を支配していたとか、そんなことをどうせ考えているぐらいのことでしょうからね。全部取りたいし、海上のヘゲモニー（覇権）を取りたいからねえ。

だから、中国に反抗する者が、あそこのアジアの海を通れないようにするつもりでいると思うんですよ。それが狙いだから。中東の石油も、中国の海上覇権のなかしか通れないし、オーストラリアからの鉄鋼も石炭も、中国の支配下の海を通らないかぎり出られないようにしてっていうかたちで、アメリカを東のほうに押し返していって。

まあ、本当は、イギリスなんかも相手にしていないんだろうとは思いますけれども。もうヨーロッパ取りまで視野に入っていますからね。ただ、「香港問題」や「ウイグル問題」等で、ヨーロッパのほうが、イギリスやドイツなども、〝反北京〟の、今ちょっと運動を起こしていますからね。

だから、私たちは、ここで簡単に屈服してはいけないとは思っています。

## 3　日本や欧米への期待と失望

### 「日本は軍事に対するアレルギーはあるが、外国に意見を言う気はない」

質問者B　そうしますと、ミャンマー一国の問題だけではなくて、国際情勢のなかでのテーマになっているかと思います。

　そういう意味で、欧米社会に対して訴えたいことや、あるいは、日本にも滞在されたご経験があるということで、おそらく日本のこともよくご存じだと思いますし、日本人のなかでもスー・チーさんをよくご存じの方もいると思いますので、何か日本人に対して訴えたいことがありましたら……。

アウン・サン・スー・チー守護霊　日本の人々は、それはよく応援してくれましたですけど。うーん……、その「民主政治 対 軍事独裁政治」っていうものに対して、日本国内では、軍事に対するアレルギー、アレジーがあるはあるんだけど、外国のことにまでは意見を言う気がそんなにない感じはありますよね。

で、考えているのは、中国からシフトしてきている工場ですよね。中国の人件費が上がってね、昔みたいに安いコストで物つくりができなくなってきた。世界の工場を、今、タイやミャンマーとか、こちらのほうに持ってこようと日本企業がしているのを、これを封じるのが中国の目的でしょうから。おそらく、「こんな政情不安、カントリーリスクのある国に工場は出せない。日本人の安全が護れない」というふうに脅すのが目的なんで。彼らの目的は「混乱」だけですね。

質問者C　そうなりますと、「実はそういう奥の意図があるのだ」ということを、もっと日本政府に訴えるといいますか、説得していく部分も必要になるかと思うのですけれども。

アウン・サン・スー・チー守護霊　（説得）しても、日本政府は、もう金を出すぐらいしか考え……。ロヒンギャに金を出して、あれがプラスかマイナスかは分からないので、逆にバイデン外交の人権外交が、反対にロヒンギャ方の応援になってきて、内紛をさらに大きくすることだってないとは言えないし。

質問者C　今の日本政府のこの件のスタンスが、珍しく、「今、軍事独裁政権のほうとの窓口を開けておいて、そこを通じて多少調整したほうが、最終的にいい方向に行くのではないか」という、今のお話からするとやや甘い見立てをしています。ここのところに関して、もうちょっとはっきり……。

アウン・サン・スー・チー守護霊　イギリスやアメリカが「ミャンマー」を認めないで、「ビルマ」のままであくまで押し通しているのに、日本はいち早く軍事政権を認める。

中国にだって、天安門事件のあと、いち早く、〝天安門事件をなかったことにしたい中国〟を認めて天皇を送って、中国の貿易を豊かにしてねえ、日本のほうが没落するようなことをして。

日本は、ちょっとそのへん〝がっかり〟ですよねえ。

質問者C　そういうことがありますので、そのへんに関しては、もう少しはっきりメッセージが届くようにしなければいけないのではないかと思うのですけれども。

アウン・サン・スー・チー守護霊　まあ、それは、私たちみたいに植民地を経験している者、アジアの国々、アフリカの国々が反欧米の考えを持っていることも事実ではあるけどね。

やっぱり、現実に、（欧米は）文明としては進んでいる面はありますから、近づけるものは近づかなければいけない。近づけなかったものは、そういう、要するに「権力があるものが全体を掌握する」っていうことになるんで。絶対王政とか皇帝とか、そういうものが押さえ込むか、でなければ軍事独裁っていうのが、だいたい二流国以下の現実ですよね。

## 「ベトナム戦争がトラウマのアメリカがするのは、経済制裁まで」

質問者Ｃ　そういう意味で、今のアメリカとか、あとは宗主国であったイギリスにリクエストしたいこと、期待したいことを、ぜひお聞かせいただけますと……。

アウン・サン・スー・チー守護霊　うーん、厳しいですねえ。アメリカではベトナム戦争がいちばん手痛いトラウマになっているでしょうから。ベトナム戦争であんなに長期に戦って、五万人以上のアメリカ人が死んで、そして、現地の人たちは百万人単位でたぶん殺したことになって、結果、共産党政権になって。で、今ごろになって、彼らは、共産主義だけど中国は嫌だということで、アメリカ（側）になって。

だから、まあ、何だったのかと。あの当時の若いアメリカの優秀な頭脳たちが考えた理論がねえ、いったい何だったのかという問題はありますけど。

あの泥沼のベトナム戦争の経験が残っているアメリカだと、こう、よく分からないこのミャンマーで泥沼の戦争をしたいとは思わないと思うので。経済制裁ぐらいまではするとは思うけど、それ以降はないんじゃないかな。

## バイデン大統領になってすぐにクーデターが起きたことへの見解

質問者B　今回のタイミングを考えますと、昨年十一月に選挙があって、今年の二月に国会が開かれるという流れではありました。同時に、アメリカではバイデン新政権が発足するということで、トランプさんの方針から切り替わるタイミングでクーデターが起きました。

これは、もっぱら、バイデン新政権の動きを試(ため)しているのではないかという見方がありますが、このあたりについてはいかがでしょうか。

アウン・サン・スー・チー守護霊　何か申し訳ないけど、このミャンマーとパラレル（並行(へいこう)）に考えたみたいで。

トランプさんのほうの最後、ねえ？　演説して「議会に向かって歩いていこう」みたいにやって、主として共和党支持の方々、一部、民主党の攪乱(かくらん)要員が入って、議会占拠(せんきょ)したのが、私たちが受けたような軍部によるクーデターと同じような感じで、パラレルに言われて。

現職の大統領がなんでクーデターを起こさなきゃいけないか分からないけど、そんなふうにも言われて、何か、ちょっとアメリカも、価値観が分からなくなっているような気はしますけどね。

だから、「民主主義」と、その「軍事力の問題」のところは難しい。

アメリカの場合は、本当、民衆は銃は持っていたかもしれないけど、民衆が議会になだれ込んだんだろうけれども、そのあとは、今のバイデンさんが大統領になるのに、州兵を動員してねえ、一万も二万もの人が議会を守備して、ホワイトハウスも守備しているような、異常な大統領就任式だったと思うけど。でも、おそらく、この二月のクーデターは……、バイデン大統領が一月の二十日かな、二十日に新大統領になって、すぐに二月一日からクーデターが起きていますから、連動していると見るべきではないでしょうかね。

　だから、これはすべて、裏では中国が糸を引いている。

質問者B　一月には王毅外相がミャンマーを訪問して、クーデターを起こした将軍と会っていますので、それは十分窺えるかと思います。

アウン・サン・スー・チー守護霊　そうとう戦略的に考えていると思いますよ。だから、いや、しっかりしないと、戦略のない国は没落しますね。

質問者A　ありがとうございます。

# 4　アジアの大国としての日本の使命

## ミャンマーへの国連や英米の動きを予想する

質問者Ａ　今、民主主義と独裁軍部という独裁政権の話になっておりますけれども、今朝も、ＢＢＣのほうでは「ミャンマーで、ポリス・オフィサーが軍部から『民衆に向かって発砲しろ』と言われた。『軍が責任を取るから発砲しろ』と言われた」と。「『でも、それは自分はできない』と言って、川を渡ってインドのほうに逃げてきて、今しばらくインドにいるんだ」という話を報道したりしていました。

ミャンマーの全土で、またストライキも起きておりますので、国が機能しなくなってきているところもあると思います。

そのため、軍部が民衆を押さえ切れるのだろうか、民衆の反発というのが、どこまで政治に影響するのだろうかというところを、また、世界から見られているところになっているかと思います。

スー・チー女史は……。

アウン・サン・スー・チー守護霊　まあ、一部、確かに公務員とかね、公務員、役所ね、公務員とか警察署なんかも、ストに参加したりしている者も……。デモにね、参加している人たちもいるからね、そうなんですけれども。

で、何？

質問者Ａ　軍部のほうは、民衆が言うことをきかないというところをもう押さえたいと思っているけれども、「どれくらいの圧力で押さえ切れるのか、押さえ切れないのか」という見立てについては、いかがお考えでしょうか。

アウン・サン・スー・チー守護霊　まあ、基本的に、それは、まずは国連が考えることだと思うけれども、国連のなかに中国が入っていますからね、常任理事国でね。だから、国連軍が組織できないから、またしても有志連合でやるしかないけれども、そこまでやるかどうか。

今、「バイデンは意思決定ができない」という計算をしてやっているはずなんですよね。「そこまではやれない」と見て。利益がアメリカにそんなにないし、イギリス単独でやれるかということは、イギリスからビルマは独立しているので、まあ、「死にかけたジョンソンが、そこまでお元気か」、「香港と両方やる気があるか」と言われても、うーん……、中途半端なことしかできないでしょうねえ。

## ミャンマー問題が「ドミノ理論」で次々広がることへの危惧

質問者C　今の話を総括しますと、必要になってくるのは、やはり、中国の意図に関するキャンペーンで、国際的に世論づくりをしていくところですね。

それから、もう一段のイニシアチブといいますか、「そういう意図で動いているんだぞ」ということで関係国を巻き込んでいくといいますか、やはり、外堀を埋めていくイニシアチブを期待されているという……。

アウン・サン・スー・チー守護霊　うん、今のところは、もうヘビに睨まれたカエル同然です。もう逃げられない。うん、ヘビが完全に狙っている状態ですけれども、これが、「私たちの国が終わりじゃないよ」ということ。

ほかの国も、だから、タイだって軍部が、結局、民主政を否定しようとしてやっているけれども、国王のところをどうするか、たぶん陰謀を巡らしているはずだし、おそらく、中国は華僑が活躍している所を全部押さえに入ってくるから、シンガポールだって国がなくなることがあることは知っておいたほうがいいよ。あんな〝小さな国〟が国防なんかできやしないよ。

だから、欧米のところを全部遮断して、「アジアの海」に入れないようにしようとしているからね。

日本をもうちょっと……、日本はもっと強かったのに、もうちょっとどうにかできないかなあ。

質問者C　そうですね。要するに、まさに、その一ミャンマーの問題ではないんだというところのキャンペーンですね。

アウン・サン・スー・チー守護霊　ない、ない、ない。もうこれ、本当に、これこそ「ドミノ理論」で次々やられるよ。

だから、中国はもう、そんなミャンマーなんか相手にしていないですよ。

本当は、だから、インド？　インド制圧作戦まで今考えているから。インドが覇権を取りに来るところまで成長する前に叩くというのを、今考えているので、ええ。

## 「日本がアジアの積極的平和の実現を考えてくれたら、うれしい」

質問者Ｃ　そうしますとアジア全体の問題になってまいりますので、そうすると、やはり、アジアのほうから、そこのキャンペーンといいますか、イニシアチブ、本来、日本はそこの主導権を取らなければいけないぐらいの仕事を……。

アウン・サン・スー・チー守護霊　うん、そう。仏教国として日本とインドとが、もっと協力して助けに来てほしいという気持ちはありますよ。

だから、まあ、会社の駐在員（ちゅうざいいん）の人たちの安否が心配で、日本に逃げることばかり考えているだろうと思いますけれども、やっぱり、こう、インドと日本とがもうちょっと経済的にも軍事的にも協力して、アジアの平和を護（まも）る。フィリピンも巻き込んでね。このままでは（中国に）完全に支配されかねないので、楔（くさび）を打ち込むことを考えないと。

欧米のほうは植民地のトラウマがあるからねえ。そんなに積極的には出られないから。呼ばないと出てこられないからね。

質問者C　そうなりますと、日本としても、できることがけっこうたくさんあるといいますか、ASEAN諸国に対する啓蒙も……。

アウン・サン・スー・チー守護霊　（日本は）ASEANのリーダーになって、やっぱりちゃんと……。

国連はもう動かないから、ちゃんとASEANのほうで、何か、まとめて……。オーストラリアも協力的だから、オーストラリア、日本、インドあたりを中心にして力を持って、あと、欧米のほうに応援を依頼する感じ？　日本が頑張ってやるから応援してくれということで、米国とかイギリスとの同盟関係を強めて、後押ししてもらう感じになるといいけれども。

だから、香港問題で、イギリスは軍艦派遣をしたし、ドイツも初めて派遣すると。まあ、ねえ？　先のヒットラー等の侵略をやったから、もうそういうことは一切しないようになったドイツまでが、軍艦派遣するという。

日本がねえ、やっぱり、もうちょっとアジアの平和を考え、積極的平和の実現を考えてくれたら、本当にうれしいと思うし。

## 先の大戦で日本がヨーロッパの支配を追い払ったことへの評価

アウン・サン・スー・チー守護霊　いや、日本は先の戦争に負けたけれども、でも、ヨーロッパの支配を追い払ってくれたことは、私も評価している。本当はね、評価している。

質問者C　その一言は、かなり、日本国内に対して、いろいろな意味でいい効果があると思います。

アウン・サン・スー・チー守護霊　評価していますよ。

だから、アジアの人を……、アフリカの人もそうだろうけれども、黒人も、差別されて「魂が宿っていない」とか言われていた人たちだから、どんどん占領されたけれども、「アジアの人たちもイエロー・モンキーだ」とみんな思っていたから、白人はね。だから、抵抗はすごくあったけれども、日本人はねえ、本当に最初の二年間は強かったですよね。もう、あっという間に、欧米の植民地解放を掲げて追い散らかして。マッカーサーだって、フィリピンから追い出されてオーストラリアまで命からがら逃げていったんですよね。

まあ、最後、持久戦で勝てない相手ではあったし、イタリアやドイツがちょっと弱すぎたところもあったと思うけれども。

でも、日本は、「植民地をつくって支配したい」という気持ちよりは、やっぱり、「アジアの国を立て直そう」と、「台湾みたいに、いい国にしよう」という気持ちは持っていましたよ。だから、欧米とは考え方が違う。

そういう気持ちを持っていたので、ちょっと残念な……、残念な感じ。仏教国として共に発展できる道はあったんじゃないかなと思います。

質問者C　ええ。そのご発言も、スー・チーさんとしては、日本向けには非常にインパクトのあるご発言だと思います。

## 「機能しない国連には、日本とインドが常任理事国として入るべき」

アウン・サン・スー・チー守護霊　助けに来てくださいよ。

それは、中国と本当の激戦をするなら、今の構えではちょっと足りないだろうが、ミャンマーの軍部を追い散らすぐらいなら、日本の自衛隊でも十分できますから、送ってくださいよ。

質問者C　ええ。護衛艦の「いずも」か「かが」が沖合に浮かぶだけでも、軍部はかなり〝ビビる〟と思います。

アウン・サン・スー・チー守護霊　日本の自衛隊が来ただけで、十分に震え上がる。日本軍が強いのは知っているから、アジアの人たちは。来ただけでも十分怖いですから。

あと、欧米との関係を良好にしながらね、後押ししてもらいながら。

国連がねえ……、国連も組織改正しなければ、中国とロシアが常任理事国に入っているために全然機能しないですよね。だから、日本とインドが常任理事国に入るべきですよ。

## 「欧米よりも日本のほうが、われわれの人権を尊重してくれる」

質問者B　お父様のアウン・サン将軍が、日本軍の支援の下に独立させていったという歴史もありますので、やはり、欧米に期待するよりも、より日本に期待を持ってもいいのかとは思います。

アウン・サン・スー・チー守護霊　そうそう。日本のほうがいい。間違いなく、日本のほうがわれわれの人権をもっと尊重してくれるし、仏教も理解してくれる。

中国から見たら、ミャンマーの裸足で歩いている坊さんとかは〝原始人〟にしか見えていないから、皆殺しにしても何とも思っていないよ。

質問者C　ええ。まさに、まったく同じ状況が、今、台湾に関して生じているのですけれども。

アウン・サン・スー・チー守護霊　なるほど。

質問者C　それが、今のお話ですと、台湾に限らず、ミャンマーにしても、あと、先ほど名前の出たほかの国に関しても、実は同列でまったく同じことが今発生しているので、そこに関して、やはり、アジアの大国である日本が責任を負わなければいけないんだというところでございますね。

アウン・サン・スー・チー守護霊　うん。だから、日本人も、中国は人口が多いから、まあ、アメリカも一部そう考えていると思うけれども、経済の回復や好景気をもう一回呼び戻すためには、中国の経済発展に便乗して一緒にやるしかないみたいな感じで思っているんだと思うけれども、やっぱり、もうちょっと「善悪」や「正義」の観念を持ってもらわないと、それは、リーダーとしては駄目なんじゃないですかね。それを発信しないから、うーん。

今、「台湾のパイナップルに虫がいる」とか言って……。パイナップルの輸出は中国本土に九割輸出していたのが、中国のほうが「台湾のパイナップルには虫がいる」ということで禁止して、アメリカは一生懸命そのパイナップルを台湾から買って、政治家たち等はみんな机の上に台湾産のパイナップルを置いて、その意思表示をしたりしてくれているらしいけれども、日本でそんなことはしていないでしょう。日本人は、本当に、極めて意志を〝はっきりしない〟ことで、将来いろんなかたちで利害がよくなる方向に動こうとする計算があるから。

やっぱり、そのへんはちゃんとしたリーダーが出てきてほしい。

## ロヒンギャ難民問題をどう考えるか

質問者Ａ　先ほどから、「仏教国、仏教国」というお言葉を頂いていますけれども、ロヒンギャの問題のところをお伺いしたいと思います。

アウン・サン・スー・チー守護霊　これは難しい。とっても難しいよ。とても難しい。

質問者A　イスラム教徒で、難民であって、受け入れたら国内の治安が悪くなるというのは見えていたと思うのですが。

アウン・サン・スー・チー守護霊　それはそうなんですよ。

質問者A　ノーベル平和賞を受賞したスー・チー女史が、そこに対して何も手を打たなかったということに対して、またキャンペーンを張られたりしていた部分もあると思うのですが、本音の部分はいかがお考えだったのかなあと……。

アウン・サン・スー・チー守護霊　そうなんですよねえ。

いやあ、イスラム教のあの問題は、もう世界レベルの問題だから。

今、「中国 対 民主主義国家」の戦いが一つの軸としてあるけれども、もう一つの軸は、「イスラム教国 対 キリスト教国」の戦い。これがもう一つの対立軸で。これも世界レベルの対立軸なので。これはもうミャンマーだけでとても解決できる問題じゃないですよ。

インドなんかは、それは、元仏教国でもあるけれども、仏教以外の宗教にも、まあ、ヒンズー教はいろんなものを持っているから多神教だけれども、でも寛容だわね？

だけど、パキスタンがイスラム教をやったら寛容でなくなって、ガンジーでさえ、ああいうパキスタンの独立に賛成しなかったために殺されたりするようなこともありましたですからね。

だから、あの〝寛容さのなさ〟はねえ、ちょっと……。

私は、国際的にイスラム教圏の国が認められるためには、やっぱり「寛容度」を上げなきゃいけないと思いますよ。

だから、ヨーロッパも、移民？　イスラム移民が、難民がね、移民になってヨーロッパへいっぱい入っていますけれども、フランスでもドイツでもイギリスでも、そのイスラム難民が移民で入ってきて、あと、問題をいっぱい起こしていますから。やっぱり、それは彼らの、何て言うかな、もう旧(ふる)いよね？　〝新しい宗教〟だけれども、キリスト教なんかより新しいけれども、でも旧い。その千何百年前の考え方みたいなのを今も通そうとする。いわゆる原理主義的な考え方が強すぎる。

パキスタンのなかでも一緒でしょう？

だから、今、同じくノーベル賞を取ったマララさんとかはイギリスへ行っているけれども、あれは、「女性が学校に通うということは、イスラム教の原理主義から見たらおかしい」ということで、スクールバスが襲(おそ)われてねえ？　目とかを負傷してね。それから、イギリスで、運ばれて何とか回復して、その後、政治運動していますけれども。

女性が学校へ通うこと自体がイスラム教に反すると言うけれども、これは神様が本当に言っているのか。人間のほうの解釈(かいしゃく)でしょうからね。

そういう男性中心型社会も、また、ある意味では、この軍事独裁型の考えにわりに近いものがあるので。

だから、うーん……、イスラム教の問題、ちょっとだけ私の手に余るから、もうちょっとおたく様の考えでやってもらいたいと思うんですが。

ロヒンギャは難しいですよ、うん。なかで、これがまた次の内乱、軍部以外の内乱になるから。

イスラム難民は、どこももう大変ですよ。私はヨーロッパのを知っているから。あとが大変なので。（イスラム教の彼らは）変えようとしないから、考え方をまったく。現地でですね、“When in Rome, do as the Romans do.”（郷に入っては郷に従え）はやらないから、彼らは。自分らの考えでしかやらないので。もう、そのへんですねえ、もうちょっと、うーん……。

やっぱり、アッラーの神は今こそ天から声を出すべきですよ、本当に、うん、うん。

まあ……、ちょっと、ロヒンギャは申し訳ないけれども、ちょっと……。日本政府は何とか護ろうとしているようですけれども、いやあ、居場所の確保はそうとう難しいですね。

質問者B　はい。

## 5　アウン・サン・スー・チー女史の魂の秘密

### ミャンマー（ビルマ）の仏教に欠けているものとは

質問者B　今日はこのあと、もし可能でしたら、クーデターを起こした側のフライン将軍の守護霊のご意見も聞いてみようかとは思っています。

もし、一つだけお伺いできればと思うのは、ご自身も仏教徒であり、基本的にビルマ、ミャンマーは仏教国ということで、「仏陀の救いを求めたいお気持ちだ」ということですが、守護霊様ご自身は、仏教とご縁があったり、特別な何かがあるのでしょうか。

アウン・サン・スー・チー守護霊　うーん、まあ、小乗仏教は何か「この世的な仏教」すぎて、修行を中心に考えて、個人が瞑想して仏陀に近づくようなことを中心にやっているから、まあ、あまり「集団的な行動」は得意でもないし、「社会の建設」にもそんなに得意ではないので。

僧侶がね、あんなに集団でデモをしてもね、根本経典的なものがないので、どういうふうにしていいかが分からない。仏陀が政治について説いたものは数が少ないので。まあ、インドでもね、実際、政治に翻弄されていますから。

大乗仏教は政治ともいろいろやり取りをそうとしてきていますけれども、小乗のほうは、どちらかといえば（政治とは）距離を取って修行に励むほうが中心だからね。

ただ、まあ、今は、ビルマ内部だけだったら、国民の尊敬を集めているのは僧侶たちなので。

だから、ビルマには、サンガ、僧団だけがあって、「仏」も「法」もない、「仏・法・僧」の「仏・法」が、もうない状態なので。

こういう事態に対応した「法」がないし。「仏」は、寺院はつくって祀っていますけれども、寺院をつくって、仏の像はあるけれども、その奥が分からないので。だから、そういう霊的な部分がちょっと足りなくて、そこに民間信仰の何か呪術的なものが、シャーマン信仰が入り込んできて、まあ、民間的には下でまた、いろんな呪い殺すみたいなのをやっていて、ちょっと、仏教の弱点を補完している部分はあるんですけれどもね。

## 仏教への思いや幸福の科学に対する期待とは

アウン・サン・スー・チー守護霊　私個人の考えはね、まあ、「仏教は平和の教え」だと思うから、それはいいと思うし、「仏教は寛容な教え」だと思っているし、「仏教は差別しない教え」だと思っているから、それは、この世的にもとてもいいところはあると思っています。

ただ、まあ、軍事的なものに対する考え方がはっきり肯定的ではないから、仏教国はよく滅ぼされている。だから、インドで仏教が滅びたのは、イスラム教による攻撃で寺院が全部破壊され、僧侶をみんな殺されたあたりですよね。そのあたりから、いわゆる因縁はあるんで。

仏陀は、それをどう思うのか。西暦一二〇三年にイスラム教徒がインドに乱入して、僧侶を皆殺しにし、寺院と仏像を全部破壊して、インドから仏教が滅びた。それと同じことを、彼らはミャンマーに来てもタイに来てもやりますから。最終的には、そのお寺も仏像も破壊しますから。

それを仏陀がどう思っているのか。軍人をどう思っているのか。やっぱり、このへん、もし「答え」を今持っているとしたら、幸福の科学しかないんだろうから、まあ、恐れず伝道に来てくださいよ、ええ。

僧侶たちはいるけど、インテリジェンス（知性）が足りないから、分からない。

質問者A　地上にいらっしゃるスー・チー女史が日本に来られたときに、学生たちが『未来の法』の英語訳を直接に献本しておりますので、ぜひインスピレーションを送ってください。

アウン・サン・スー・チー守護霊　もう寿命もそんなにないかもしれないから、役に立つことはあんまりないと思うけど、でも、仏教を何か底上げしないと、もたないね。

質問者C　最後に、「寿命がないかもしれないけれども」とおっしゃいましたけれども、われわれも世界啓蒙のほうで頑張ってまいりますので、ぜひ、もうひと踏ん張り、ふた踏ん張り、粘っていただいて……。

アウン・サン・スー・チー守護霊　いやあ、もう、「軟禁」や「監禁」や分からないけれども、捕まえられて〝封印〟されること、こればっかりですよ、人生。だか

『未来の法』(幸福の科学出版刊)

ら、本当、私の知性だって、これ、どこまで腐っているか分からない、もう。

質問者C　ここでマンデラ氏の例を出すのがいいかどうか分かりませんが……。

アウン・サン・スー・チー守護霊　ああ、ああ、ああ。

質問者C　まあ、粘り抜いて、結局、「そういう人が存在した」というだけで、最後にものすごく求心力になりましたので。

アウン・サン・スー・チー守護霊　うーん。いや、助けてくれるんだったら、もう、幸福の科学でも何でも私たちはすがりたいですよ、本当に。

## 「鎌倉時代の日本に生まれたこともある魂」と語る

質問者B　ちょっと霊的な質問になるかもしれませんけれども。

今、大川隆法先生と同時代に生きていて、仏教国にいて指導者でいらっしゃるわけで、これをお分かりになるか分かりませんが、ご自身は、仏陀・釈尊とご縁があったりということはあるのでしょうか。

アウン・サン・スー・チー守護霊　うーん。まあ、小乗仏教では、何だかちょっとおかしい。あなたがたはきっと笑うだろうけれども、「諸行無常」「諸法無我」「涅槃寂静」で。「涅槃寂静」で、仏陀になって、あの世へ行って、消滅して、何も考えない「無念無想」の状態になって、なんか、存在するかどうか分からないようになるような、そんな教えがあるので、ちょっとみんな頭が悪い。頭が悪くなって、おかしいんですよ。

私は守護霊、霊だっていうことを知っているけれども、僧侶たちは、まあ、守護霊さえろくに分かってないから。だから、民間信仰の、そういう黒魔術（くろまじゅつ）みたいなのがいっぱい下で流行（はや）っているんですけどね。シャーマンのほうが霊をはっきり認めて、やっていますからね。

仏教は、だから「弱い」ところはあるんですよ。「生活している態度が道徳的で、何か清潔だ」っていうようなことで尊敬は集めているけれども。うーん、だから、真理についても、ちょっと無知な部分があると思う。

私自身は、もちろん、今はミャンマーだけれども、外国とかにも生まれたことはあるし、日本にも生まれたこともある魂（たましい）です。

質問者C　いつごろの時代でしょうか。

アウン・サン・スー・チー守護霊　鎌倉（かまくら）時代です。

質問者C　鎌倉時代？　ほう。

アウン・サン・スー・チー守護霊　うん、うん。鎌倉時代。

質問者C　もう少し具体的にコメントを頂ければ。

アウン・サン・スー・チー守護霊　まあ、ちょっと……。うーん。

質問者B　ご存じの方がいらっしゃったりします？

アウン・サン・スー・チー守護霊　よくは分からないけど、うーん、源氏(げんじ)の政権ができたでしょう？　そのとき、まあ、いろいろ苦労しながらつくっていて、北条政(ほうじょうまさ)

子っていう人がいましたよね？　ええ、いましたよね。

あの人もいちおう尼さんということになってますけれども、一人で尼さんができるわけではないので。それは尼寺があったわけですからね。だから、まあ、そういう関係で、私、鎌倉に生まれて尼さんだったことはあるんで、知っています。

だから、そのへん、関係はあるから、ちょっとすがってきているところがあるんですけど。日本は外国を打ち返すだけの力を持っていると思っているから、うーん。

名前は、それは、調べればあるかもしれないけど、それ、ちっちゃい、ちっちゃいから、そう大したことはありませんが。日本でちっちゃくても、このビルマぐらいに行くと大きくなるんです。国のレベルが違うからね。

だから、あの元を打ち破ったときのように頑張ってもらいたいなと思いますねえ。うーん。

## スー・チー女史のインドやイギリスでの過去世(かこぜ)は？

アウン・サン・スー・チー守護霊　日本人、それからインド人も経験がある。

質問者Ｃ　インド人は、いつごろの時代でございましょうか。

アウン・サン・スー・チー守護霊　うーん、仏陀の時代よりちょっとあとだけどね。だから、広がっていたとき、うーん、ナーランダ学院とかが大きくなったときだね。学生(がくしょう)が一万人もいたときには生まれたと思いますね。

あと、ヨーロッパ（の経験）がちょっとあることはあるんですけどね。

質問者Ｃ　よろしければ、ぜひ。

アウン・サン・スー・チー守護霊　ええ？

質問者C　ヨーロッパも（笑）。

アウン・サン・スー・チー守護霊　まあ、ヨーロッパは、ちょっとイギリスと縁がやっぱりあるので。だから、その鎌倉時代と〝ナーランダ時代〟の間にイギリスが一個あると思いますけど。うーん、アーサー王の時代に近いあたりだと思うんですけど。これは、「宮廷（きゅうてい）」っていうか「王宮」のなかの存在の一人ですけどね。

当時は、ちょっと、ケルト型の宗教がまだ支配していたと思います、キリスト教ではなくて。

うーん、まだ（北欧（ほくおう）の主神）オーディンの名前も遺（のこ）っていて、そして、オーディンは詩や音楽をこよなく愛した方であるので、そうした宗教的な詩や音楽等を、宮廷のなかでね、いろいろ扱（あつか）っているような仕事をやっていた。

## 「邦人保護」を名目に自衛隊派遣を要請する

質問者B　貴重なお話を頂きまして、ありがとうございます。

アウン・サン・スー・チー守護霊　日本、助けに来てください。

質問者B　はい。

質問者A　幸福の科学も、日本から、「水の革命」という曲をアジア全域に、あるいは世界全域に流行らせて、「中国の圧政を、〝Power to the People〟で引っ繰り返していこう」ということをやっていきます。

アウン・サン・スー・チー守護霊　いやあ、うーん、「水の革命」

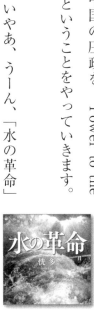

CD「水の革命」（作詞・作曲 大川隆法、発売・販売 幸福の科学出版）

じゃなくて、「ヤンゴンの革命」か何か（笑）、「ビルマの革命」とか、「竪琴は鳴り続ける」とか、まあ、何か、意識をもうちょっと向けてもらわないと、あれなんですけどね。

でも、裏はあそこです、北京ですから。間違いなく北京なので、負けずに頑張って、包囲されずに逆包囲してください。

私ができることは、そんなにない。ただ、うーん、精神的にあなたがたに助けを求めて、ミャンマーから日本に期待することを発信することぐらいはできる。うーん、そんなところ。

日本軍に支配に来てほしいよ、うん。助けに来てくださいよ。もう、ビルマの軍隊なんか弱いから、自衛隊で簡単にもう、一週間もあったら全部倒せますから、来てくださいよ、本当にもう。国連なんか来やしないですよ。来るわけないですよ。中国の拒否権で終わりですよ、うーん。

質問者B　日本に対して、たいへん大きな期待をお持ちであるということで。今日のメッセージは、確実に日本国民に届くことになります。

アウン・サン・スー・チー守護霊　日本人、邦人（ほうじん）、まだいるから、日本人保護のために来てくださいよ。

質問者C　「邦人保護」の名目（めいもく）ですね。なるほど。

アウン・サン・スー・チー守護霊　来てくださいよ。

質問者B　分かりました。はい。

アウン・サン・スー・チー守護霊　弱すぎるよ。日本、もっと力あるから。

自衛隊、何にも活躍してないじゃないですか。「ホルムズ海峡の海賊からタンカーを護衛する」とか、まあ、ちょっとそのくらいを言っているぐらいです。もっと近いところだからね、やってくださいよ、もう。

いやあ、もう一回、同盟関係、結びたいぐらいの感じ。うん、中国ではないところと結ばないと、これは危ない、とっても危ない。

だから、考えているのは、もう本当に中国は、あちら、雲南省のほうからも、下まで全部、高速鉄道を通して、あのへん全部支配する気でいるから。それはもう、インドも支配する気で、通して支配する気でいるんで。

うーん。もうこれ、私も死にたくても死に切れない、うん。

質問者B　はい、本日のメッセージは確実に届きますので。

アウン・サン・スー・チー守護霊　お願いしますよ。

質問者B　はい。ありがとうございます。

「政治は考え方。人々に行くべき方向を教えることが大事」

アウン・サン・スー・チー守護霊　あなたがた、本当、政治にもかかわる宗教なんでしょう？

質問者B　はい。

アウン・サン・スー・チー守護霊　だから、うーん、もうちょっと……。金儲け（かねもう）だけじゃ駄目（だめ）ですよ。金儲けだけじゃないから、政治は、やっぱり。政治は「考え方」ですよ。「物事の考え方」や「筋（すじ）」なんですよ。それが政治なんで。だから、筋を見せ、示して、人々に行くべき方向を教えることが大事なんで。それをもうちょっとやってください、日本人として。

質問者B　はい、期待をお寄せいただいて、ありがとうございます。
その「反対側の筋」も、このあと……。

アウン・サン・スー・チー守護霊　ああ、そうですか。

質問者B　はい、フライン将軍のほうも……。

アウン・サン・スー・チー守護霊　はい、はい、はい、はい。

質問者B　確認したいと……。

アウン・サン・スー・チー守護霊　こんなところで。ちょっと弱ってはいるんですよ。本当にもう、〝ばあさん〟ですから。ああ。まあ、あと二十年若ければね、まだやる気はあるんですが。もうできないですよね。トランプさんなら、まだやる気があるんだろうけど、私はさすがにもう、きついなあ、うーん。

質問者Ｂ　はい。メッセージはしっかりと受け止めさせていただきましたので。

アウン・サン・スー・チー守護霊　これ、最後のもう「ダイイング・メッセージ（亡（な）くなる直前のメッセージ）」になるかもしれない。うん、うん、うーん。はい。

質問者Ｂ　はい。どうもありがとうございました。

## 6　人材難で苦しむミャンマーの現状

大川隆法　（手を二回叩く）というようなことでした。

まあ、親日家でもあるんだとは思いますけれども、うーん、ちょっと寂しいですね。日本人にはいちばんよく知られている人だろうから。

質問者B　そうですね。

大川隆法　うーん。まあ、スー・チーさん以外には、もう人材がいないんでしょう。かわいそうだけれども、あとはもう人材が、要するに、カリスマになれるような人がいなくて、シンボルがいないのだろうからね。かわいそうです。かわいそうであるのはかわいそうですけれどもね、本当に。

「それを自宅からもう出られないようにして、情報を遮断してしまえば、何も影響力はない」という、そういう考えですから、まあ、ちょっとアメリカで（トランプ氏に対して）起きた情報遮断に似ていますね。

# 第2章　クーデターの真相と中国の狙い

――ミン・アウン・フライン将軍守護霊の霊言――

二〇二一年三月十一日　収録

幸福の科学　特別説法堂にて

**ミン・アウン・フライン（一九五六〜）**

ミャンマー（ビルマ）の軍人、政治家。国軍司令官。ラングーン芸術科学大学（現・ヤンゴン大学）で法律を学び、一九七四年、国軍士官学校に入学する。二〇〇七年、僧侶主導の反政府デモ「サフラン革命」の鎮圧を支援。〇八年から武装反体制勢力の排除を指揮し、その功績により一一年には国軍司令官に昇進する。一七年にロヒンギャへの残虐な弾圧を指揮したとして、「ジェノサイド」の罪で国連から訴追勧告の対象とされている。二一年二月一日、総選挙に不正があったことを理由にクーデターを起こし、全権を掌握した。

［質問者三名は、それぞれA・B・Cと表記］

# 1　なぜ、ミャンマーで軍部はクーデターを起こしたのか

## クーデターを起こしたフライン将軍の守護霊を招霊する

大川隆法　次に訊いてみたい将軍もフェイスブックとかがお好きらしいです。でも、今は情報遮断をそうとう使っているようですから、まあ、どうなりますか。

質問者B　はい。もしよろしければ、簡単にでも、クーデター側のフライン将軍の守護霊のほうに、ご意見をお伺いしたいと思っています。

大川隆法　私と同じぐらいの年のようですけれども。やりますか。どうですか。外見は小柄で温厚な感じの人のようなのですけれども、今、中国と意気投合して

いるようです。

それで、「この前の選挙は〝不正選挙〟だった」と、またここも言っているようで、よく分からないのですけれども。

話ができるでしょうか。

（合掌・瞑目する）

ゼネラル・ミン・アウン・フライン、ゼネラル・ミン・アウン・フライン、ゼネラル・ミン・アウン・フライン……。〝Could you come down here? This is Happy Science, Tokyo, Japan.〟（こちらにお越しいただけますでしょうか。こちらは日本の東京にある幸福の科学です） ゼネラル・フライン。フライン、フライン、フライン……、話はできますか。ゼネラル……。

「軍人も定年があるから、仕事をつくるためにクーデターをやった」

ミン・アウン・フライン守護霊　ああ、うーん、ああ……、うーん、ああ……。うーん、うーん、うーん、うーん。ああ、ああ、うーん、ああ、ああ……。うーん、うーん……。うーん、ああ……。うーん。

（右手を上げて）ああー……。

質問者Ｂ　こんにちは。ハロー。

ミン・アウン・フライン守護霊　ひぃーと……、ひと、一言一言、区切って分かりやすく言ってくれれば……。

質問者Ｂ　はい。ゆっくりと。

ミン・アウン・フライン守護霊　気持ちは、分かる、通じます。

質問者B　はい。簡単にお伺いします。

フライン将軍で、守護霊でいらっしゃいますか。

ミン・アウン・フライン守護霊　うん。

質問者B　はい。クーデターが今、ミャンマーで起きましたが。どういう目的で、何を今、考えていますか。ミャンマーをどうしようと考えていますでしょうか。

ミン・アウン・フライン守護霊　うーん……。軍人も定年があるからね。だから、辞めたら仕事がなくなるからね。やっぱり、軍事政権をつくったら、仕事ができるね、うん、うん。

質問者C　「定年間際（まぎわ）だった」ということはお聞きしていました。

ミン・アウン・フライン守護霊　そう、そう、そう、そう。だからね、仕事をつくるために、やった、うん。

質問者B　何か、「ミャンマーのためにこうしたい」という目的や理想があったのでしょうか。

ミン・アウン・フライン守護霊　いや、それはない。

質問者B　ない!?

ミン・アウン・フライン守護霊　うーん、それはない。ただ、坊さんとか民衆とかが暴れて治安を乱すのはよくないから、われらが国を統治したほうがいいと思った、うん。

質問者B　軍政に反対するデモへの弾圧で、市民に死者が出ていますが、この状況は正しいと考えていますか。

ミン・アウン・フライン守護霊　皆殺しではない。数人、数十人ぐらいでしょう？　皆殺しなら万以上は殺さないといけないけど、そこまでしないで抑えているし。まあ、警察も軍が握っているので、警察署長も軍人ですから。

だから、治安が第一なんですよね。乱れるとね、もうどうなるか分からないのでね。まず安定を取り戻せば、経済政策は始まる、生活はできる、うん。

「中国は〝世界の半分〟だから、わが国の生存は確保されると思った」

質問者Ｃ　「中国との事前打ち合わせ・すり合わせがあった」と言われていますけれども、そのあたりをお聞かせいただけますでしょうか。

ミン・アウン・フライン守護霊　うん、まあ、それはあるでしょう。ないとできないでしょう。

質問者Ｃ　具体的には、どのような内容といいますか、取り決めだったのでしょうか。

ミン・アウン・フライン守護霊　だから、「ミン・アウン・フライン、おまえが天下を取れ」ということだよね、うん。

質問者C　天下を取ったら、どういうふうにしてくれるのでしょうか。

ミン・アウン・フライン守護霊　うん？　だから、中国が強力なバックアップをしてくれるということだね、うん、うん。

そして、「経済援助（えんじょ）」だけでなく、「開発」――「都市インフラ」や「高速鉄道インフラ」等に協力して、もっと高度に発展した国にしてやるということだね。

質問者C　ほかのアジアの国は、その〝甘（あま）い言葉〟に乗って、差し押（お）さえをされたり財産を剝（は）がれたりということが、今、けっこう起き始めているのですけれども、そのあたりに関してはどのようにお考えでしょうか。

ミン・アウン・フライン守護霊　いや、もうイギリスから独立した国だから。イギリスにもう一回支配してもらうわけにはいかないから、もう拒否（きょひ）だからね。

だから、まあ、中国が今いちばん力はあるからね。ここがあれば、〝世界の半分〟みたいな感じがするから、「わが国の生存は確保される」と思ったから、うん。

質問者Ａ　選挙不正があったということで、二月にクーデターが起こりました。

ミン・アウン・フライン守護霊　選挙は嫌（きら）いなんだよ、もともと。

質問者Ａ　その時期の指示も、中国から受けていたりしたのでしょうか。

ミン・アウン・フライン守護霊　うーん……。まあ、よく分からんけど、何か混乱は起こしたいような意向はありましたね。だから、アメリカの選挙のころでしょう？　だから、何か、うん。

質問者C　そこを、もう少し具体的にお聞かせいただけますか。「混乱を起こしたいようだった」というところに関して。

ミン・アウン・フライン守護霊　うーん……。だから、アメリカ合衆国がコロナで、今、ねえ？　三千万人も感染して（収録当時）。国民の十人に一人ですよね。だから、もう手……、もう何もできない時期だから、クーデターを起こすにはいい時期だということですよね、うん。

## 2　将軍守護霊が聞いた「中国の今後の展望」とは

### 「ダライ・ラマを追い出したおかげで、チベットは豊かになった」？

質問者B　中国の支援の下に今回の動きになっているとすると、いずれ経済侵略や、あるいは「国が滅びる」という可能性もあると思いますが、習近平に対しては、どういうふうに考えているのでしょうか。

ミン・アウン・フライン守護霊　いや、中国は昔から世界の中心だったことも多いから、それは「朝貢しろ」と言えば朝貢……、ねえ？　まあ、「ご挨拶に行って何かを賜る」ということであれば、別にそれはやってもいいと思う、うん。

質問者C　例えば、チベットでは、ある種の朝貢はしながらも、結果、虐殺が起きたりとか、支配される等したのですけれども、そういったあたりに関する危惧みたいなものはお持ちではないのでしょうか。

ミン・アウン・フライン守護霊　まあ、チベットは仏教でも堕落していると言われていたので。ダライ・ラマが「法王」といって、結局、ねえ？「宗教」も「政治」も「経済」もみんな一手に〝専制政治〟をやっているから、その〝専制政治〟に、中国の人民解放軍が民衆を〝解放〟するために戦いを挑んで、〝搾取階級〟の僧侶たちをインドに追い出したということで、今、経済的にはすごくよくなっている。

高速鉄道がもうチベット自治区にまで入って、おかげで経済成長度は全中国のどこにも劣らない、最高度の繁栄をしている。だから、「ダライ・ラマを追い出したおかげで、チベットの人たちは豊かになって、教育レベルも上がっている」というふうに聞いています。

## 中国の意見は「ベトナムは許せない。北朝鮮も反乱の芽がある」

質問者C　今回の、直前ないしは一年前の習近平氏との一連の打ち合わせ等で、中国のほうの展望のようなお話をお聞きになったのではないかと思うのですが、おそらくは、ミャンマー、ビルマ一国にとどまる話ではなかったはずです。そういったあたりをどう考えておられるのかということに関して、意見交換を……。

ミン・アウン・フライン守護霊　うん。だからね、中国の意見としては、隣のベトナムがね、共産主義のはずなのにね、アメリカに近づいていってるのが実に不愉快だと。

だから、中国が、独立のために支援して、軍事的にも経済的にも支援してアメリカを追い出してやったのに、サイゴンからね。かなりの死傷者も出しながら、義勇軍を送って戦って追い出してやったのに、その恩を、恩義を忘れてアメリカに〝尻尾を振って〟いるのは、ベトナムはちょっと許せない。

アメリカ型の改革開放をやっているのは（中国としては）許せないし、「北朝鮮の金正恩も、やっぱり、ああいうふうなのになりたいみたいなことを言ってる」というようなことを言っていて、「反乱の芽がある」と。北朝鮮もね、中国に対する反乱の芽があるから。習近平としては、もう北朝鮮も韓国も全部取るつもりでいるんだけども、なんかトランプが直接会ったりしたから、もし中国が北朝鮮に攻め入ったら、金正恩はトランプの懐に飛び込む可能性もあるから。

まあ、「いろんなところで、戦いは同時多発で起きているんだ」というようなことを言っていましたね。

## タイ、マレーシア、インドネシアを中国はどう考えている？

質問者C　タイに関しては、いかがでしょうか。

ミン・アウン・フライン守護霊　（中国は）タイでも、やっぱり、諜報活動はだいぶやっているみたいですが、軍部独裁と民主制と王制がもう〝凌ぎ合って〟いるんで、まあ、「ここのミャンマーを押さえられたら、タイも取れるのではないか」ということは言っていましたね。

質問者Ｃ　タイが取れますと、今度はマレーシアのあたりとかも……。

ミン・アウン・フライン守護霊　全部地続きというか、全部、中国圏にしていくつもりで、「中国語を公用語にする」というように言っていました。

質問者Ｃ　そうすると、相対的に、そのなかで大国になるのがインドネシアになるのですけれども、そのあたりに関しても……。

ミン・アウン・フライン守護霊　インドネシアは、ちょっと宗教的に、でもちょっと……、まあ、宗教的な問題はあるから、イスラム教だから。

ちょっと、インドネシアは、中国と日本が今〝取り合ってる〟ところもあるんで。油田があるからね。

あれは狙(ねら)ってはいるけど。うーん……、まあ、インドネシアについても、どういうふうにするかは考えている。人口が今増えてきているんで、まあ、あれを強国にしてしまっていいかどうかにはちょっと微妙(びみょう)なところはあるけど。

今、中国は、何か「イスラム圏も絡(から)め取っているところだ」と言っていました。石油利権のところを、要するに、「欧米(おうべい)がもう今、『脱(だつ)$CO_2$』で、石油や石炭から手を引こうとしてるから、中国が一挙に取れる時期が来てる」というようなことは言っていましたが、うん。

## 中国がインドに侵攻するための「言い訳」とは

質問者C　追加の質問で恐縮ですけれども、距離的な近さから見て、たぶん、インドとか、ネパール、ブータンあたりに関しても、何か会話があったのではないかと思うのですが。

ミン・アウン・フライン守護霊　インド、ネパール、ブータン……、いや、（中国は）インドを侵攻する予定はある。

質問者C　侵攻する予定ですか。

ミン・アウン・フライン守護霊　北からね、侵攻してくる予定はあって。「言い訳」は、やっぱり、チベットのダライ・ラマらが亡命政府をつくっていますから、それの追撃戦をするのを目的にしていて。

あれは、ブータンはもう近いうちに取られるはずですけど、うん。だから、「君たちも頑張れば、一体になって、すごい〝大中華帝国〟ができる」ということは（中国としては）言ってました。

質問者C　そういうことですね。

## 3　ミャンマー国民の抵抗にどう対処するのか

### 「民主主義は間違い。欧米は排斥しなければいけない」と主張

質問者C　それで、ちょっと翻って、ビルマ国内、ミャンマー国内の問題に戻るのですが、今おっしゃったことは理解したのですけれども、その一方で、約十年ほど、ミャンマーの国民は、制限があるとはいえ、「民主主義」、それから「自由」というものをいったん経験しています。そのことに関しては、どのようにお考えでしょうか。抵抗ぶりとかを含めまして……。

ミン・アウン・フライン守護霊　すごい……、民主主義は合わないね。合わないし、実は、信仰的にもね、仏教の信仰とも合わないね。僧侶のね、赤い布を着て歩いて

る姿を見たら分かるけど、軍隊みたいなもんでしょう? だから、軍隊と仏教はよく合うんですよ。

だから、軍事で、やっぱり、ミャンマー、ラオス、タイ、このへん全部ね、押さえてしまえばいいんじゃないかな、うーん。

質問者C　サンガが民主的であることについての議論は、ちょっと、今日は置いておくとしまして……。

ミン・アウン・フライン守護霊　いや、サンガは……。

質問者C　サンガ、僧団というのは仏教のですね。

ミン・アウン・フライン守護霊　いや、サンガは「民主的」ではなくて、サンガは

「全体主義的」なんですよ。

質問者C　そこの解釈に関しては今日は入りませんけれども、ちょっとお訊きしたかったのが、やはり、今回のクーデターが起きたときの民衆の側の抵抗が、外から見ていますと、思ったより大きい、それから、続いているというふうに見えます。

ミン・アウン・フライン守護霊　だから、〝欲望の民主主義〟を味わった連中がね、「金儲けを自由にさせろ」って言うのがいるから、こういう欲を断つのが仏教の修行なんですよ。だから、民主主義は間違いなんです。欧米は排斥しなければいけません、うん。

手本は、外国帰りのインテリを粛清したカンボジア？

質問者B　ちなみに、スー・チーさんの守護霊が先ほど来られていたのですが、スー・チーさん個人に対しては、どんなふうに見ていますか。民主化運動のリーダーとして長年、頑張(がんば)ってこられた方ですけれども。

ミン・アウン・フライン守護霊　いや、やっぱり民主化のリーダーにはふさわしくない方ですね。「将軍の娘(むすめ)だ」っていうだけで、血統主義じゃないですか。私みたいに能力で上がってきた人間と違うからね、うん。

質問者C　そういう見立てですね。

それで、ちょっとお訊きしたいのが、歴史的に、中国の周辺国で、今のフライン将軍のように、独裁者がいて……。

ミン・アウン・フライン守護霊　うん。……私は独裁者じゃないよ。

質問者Ｃ　あるいは〝強力なリーダー〟がいて、中国共産党政府と組んで、衛星国といいますか、自治区に近い衛星国になった場合には、たいてい、そこで民衆の大弾圧が起きて、民衆のほう、あるいは多くの国民は、非常に不幸な状況に陥るという一種の「歴史の法則」があるのですけれども……。

ミン・アウン・フライン守護霊　ふーん。

質問者Ｃ　どうも、歴史はそちらのほうへ向かっているように見えるのですが、そのことに関しては特に気にはしないということでしょうか。

ミン・アウン・フライン守護霊　それは、手本としてはカンボジアがそうだね。だから、外国帰りの人たちをみんな〝総狩り〟っていうか、「みんな粛清して、インテリを粛清したら、国は〝平和になる〟」ということだね。

質問者C　では、ミャンマーも、実はそのように、いったん……。

ミン・アウン・フライン守護霊　うん、そう。だから、スー・チーとかは〝一番に殺さなくては本当はいけない人〟だけど、外国の目があるから殺せなくて、軟禁してるだけですから、うん。

質問者C　では、そういう考え方が潜在的にはあるということですね。

ミン・アウン・フライン守護霊　だから、イギリスなんかにこんな留学してるような人は要らないんですよ、ミャンマーには。そんなんじゃなくて、庶民はもうちょっと低いレベルで生活してるんだから、そういう人たちに合った考えが要るんです。

質問者C　それを「奴隷(どれい)の幸福」と呼ぶかどうかは別としまして……。

ミン・アウン・フライン守護霊　イギリスでちょっと、貴族趣味(しゅみ)を覚えてきてるんでね。そんなふうにならないという、この国は。もう農業ぐらいしかないんだからさ、うん。

質問者A　「自分自身がポル・ポト政権のように虐殺(ぎゃくさつ)をして、〝キリング・フィールド〟をつくっても構わない」ということですか。

ミン・アウン・フライン守護霊　いやあ、「虐殺を」っていうか、そういう、言うことをきかないやつらは、やっぱり、いちおう〝処分〟しなきゃいけないでしょうね。

## 仏教や僧侶に対する意見や、霊としての自覚は？

ミン・アウン・フライン守護霊　僧侶もね、いや、仏教も大事だとは思うが、仏教は、やっぱり軍隊の手先となって、人々に「言うことをききなさい」と触れ回るような、そういう全体主義的な仏教はいいと思うんだけども、個人主義みたいなのを持っていくような、何かね、僧侶のくせにね、そういうデモをしたりね、政治性を持つっていうことはね、やっぱり堕落してるよ。

質問者C　まさに、中国共産党の仏教観と百パーセント一致しています。

ミン・アウン・フライン守護霊　だから、税金も払わずにね、お布施だけで生きてるやつらは、一網打尽にして、やっぱり海に沈めたほうがいいよ、うーん。

質問者B　今日は時間も限られておりますので、最後に一つだけお訊きしたいのですが、ご自身が守護霊だという、霊存在であるというご自覚はありますか。

ミン・アウン・フライン守護霊　うん？　いや、分からない。

質問者B　あっ、そうですか。

ミン・アウン・フライン守護霊　それは分からん。何だか、よく分からん。

質問者B　何か交流したり、指示を受けたり、命令を受けたりしているような人はいますか。

ミン・アウン・フライン守護霊　うん？　うーん、うん、うん。ああ。そのへんは、よく分からない。

質問者B　分からないですか。

ミン・アウン・フライン守護霊　よく分からないけど、呼ばれたから来た。よく分からない。どうして会話ができるかも、よく分からない。

質問者B　今、日本で会話しているのですけれども。

ミン・アウン・フライン守護霊　それがよく分からない。

質問者B　はい。分かりました。

ミン・アウン・フライン守護霊　何？　その仕組みがよく分からない。初めてなんで。

## 4　国際社会からの批判にどう対応するか

### 「中国と同盟関係を結ぶのは、〝いちばん頭のいい人〟がやること」？

質問者C　冒頭(ぼうとう)に、いみじくも、いわば、「定年延長」のためにクーデターを起こしたというようにおっしゃったわけですが……。

ミン・アウン・フライン守護霊　いや、私ほどの有能な人間を使わないのはもったいないですよ。スー・チーより十歳(さい)以上若いんだ。

質問者C　ええ。その論でいきますと、つまり、動機がそのくらいだとしますと、今後、国際社会からの圧力、制裁、それから国際世論(よろん)、こういったものがかなり厳しくなってくることが予想されますけれども、それに将軍は耐えられますか。

ミン・アウン・フライン守護霊　それはアメリカがバイデン……、習近平は「バイデンなら大丈夫だ」って言っているし、「日本は弱いから、軍事政権でもすぐ認めるから大丈夫だ」って言ってるから、まあ、大丈夫なんじゃない？

質問者C　そういう考え方だということですね。

ミン・アウン・フライン守護霊　うん。欧米は遠いからね。そんなにできないね。だから、私たちは、「食料」と「軍事」のバックアップをもう得てるから、もう大丈夫、うん。

質問者C　それは、ライフラインとか生命線を握られて、生殺与奪の権限を中国に売り渡すことになるのですけれども。

ミン・アウン・フライン守護霊　いや、どう考えたって、だって、今、中国が世界一になるのは、もう時間の問題じゃないですか。もう、二〇二〇年代に世界一になるから。

だから、それは、中国と同盟関係を結んで発展すれば、国民の暮らしもよくなるし、外国からの軍事力にも抑止力になるから。これは、〝いちばん頭のいい人〟がやることは、こういうことだと思うよ。

## 「税金が〝ダブル〟で取られるから、僧侶や寺院はもう要らない」？

質問者C　やはり、そうしますと、例えば、軍事政権のトップのほう、上のほうは、それによって利益を食めますけれども、民衆のほうは今の北朝鮮のようになかなか大変な状況になるわけですが、そういう未来というのも想定しておられるのでしょうか。

ミン・アウン・フライン守護霊　いや、坊さんは、もう、みんな還俗させて働かせたらいいんだよ。だから、タクシーの運転手でも、何でもやっとったらいいんだよ。もう仕事したほうがいいよ。そうしたら税収が増えるから、うん。

質問者C　ということは、「無宗教国家にしたい」ということですか。

ミン・アウン・フライン守護霊　うん、要らないね。だって、要らないでしょう、実際。税金が〝ダブル〟で取られてるわけだからね。

だから、軍人を養うにも税金が要る。警察を養うにも税金がいるけど、僧侶にだって……、まあ、（僧侶は）個人的にまた税金を取って、食ってるようなもんだから。これは、やっぱり要らないよね。寺院はもう要らない、うーん。

観光に使える場合はちょっと考えるけどね。うん、観光だけで収入があげられるなら考えられるけど。

質問者A　死んで来世がどうなるかとかは、考えたりされないのでしょうか。

ミン・アウン・フライン守護霊　そんなものは、よく分からない。

## 軍部独裁の正当性を主張するフライン将軍守護霊

質問者B　だいたい考え方の筋は教えていただけましたので、ありがとうございます。

ミン・アウン・フライン守護霊　だから、日本はもうね……、たぶん日本は、こちらが強気で出れば、日本の外務省なんて、簡単に〝金を出す〟だけのことだから。

邦人保護のために金を出してくるから。うん、それだけの国でしょう。

質問者B　貴重なメッセージを頂きまして、ありがとうございます。

ミン・アウン・フライン守護霊　何もできないよ、うん、うん。まあ、日本は全然、もう問題にしてないんで、うん。

質問者C　それは、これからのことかなと思いますが。

質問者B　はい。「仏教」と「政治」や「民主主義」のテーマも出てまいりましたので、ちょっとここで、いったんお話は終わらせていただきたいと思います。

ミン・アウン・フライン守護霊　で、いいのかな。

質問者B　はい、大丈夫です。

ミン・アウン・フライン守護霊　だから、スー・チーを生かしてるのは、いや、欧米がうるさいからね。〝殺す〟とうるさいから、〝緩(ゆる)やかに死んでもらう〟しかないんで、ええ。

選挙なんて、あんなので、もう「こっちに行ったり、あっちに行ったり、政党が揺(ゆ)れる」みたいなのはよくないし、軍部は、もうあんまり政党政治は得意でないんで、あまりしてほしくない。あんまり揺れないほうがいいんで。

やっぱり、タイにもそれを勧(すす)めてるから、今。もう、やっぱり軍部独裁がいちばん安定する。「長期的に安定して、あと、長期計画も立ちやすい」と〝北京(ペキン)〟も言ってるから、うん。

質問者B　はい。考え方の筋としては、非常に対立軸がはっきりと分かりましたので。

ミン・アウン・フライン守護霊　ああ、そう。

質問者B　はい。ありがとうございます。

ミン・アウン・フライン守護霊　まあ、〝スー・チーのばあさん〟は、聞いても、もう終わりだよ、うん。君たちは会うこともできないよ。もう、あの世行きだ。ああ、ああ。

## 仏教や政治についての考え方から見えた「人としてのレベル」

ミン・アウン・フライン守護霊　今日は、これ、何なんだ？　これね。

質問者B　はい。仏教が根底のテーマの一つにありますので、もし、よろしければ、このあと、「釈尊」のお言葉も賜りたいと考えておりますので。

ミン・アウン・フライン守護霊　そんなもの、いるわけないでしょう？　何言ってんの。

質問者C　釈尊のお言葉が怖いのですか。

ミン・アウン・フライン守護霊　それは、もう二千五百年も前に亡くなった方が、何を言っている。

質問者C　いやいや、怖いのですね。

ミン・アウン・フライン守護霊　いや、いや、そんなものはいるわけない。

質問者Ｃ　やはり、「坊さんを殺す」とまで言ってしまった手前。

ミン・アウン・フライン守護霊　坊さん？　坊さんは、もう、そんなものねえ、昔の、二千五百年前ので飯(めし)を食ってるだけだからさ、うん。坊さんは要らないよ。役に立たない。もう、あれは穀潰(ごくつぶ)し。もう要らない。ゴキブリ。ハエ。

質問者Ｃ　ああ、そうとう気にされているのが、よく分かりました。

質問者Ｂ　仏教で言うと、いわゆる末法(まっぽう)というか、宗教に対して非常に反対の考え方を持っておられることは、よく分かりました。

ミン・アウン・フライン守護霊　うーん……、まあ、私らがやるのが、いちばん国にとってよろしい。中国みたいに発展する、うん。

質問者B　ご意見を聞かせていただきまして、ありがとうございました。

大川隆法　（二回手を叩く）まあ、このくらいの人です。レベルが低いですね。まあ、かなり低いと思います。そうだろうと思ってはいましたけれども、低いですね。低いです。後れていますね。これは後れていると思います。

「霊言現象」とは、あの世の霊存在の言葉を語り下ろす現象のことをいう。これは高度な悟りを開いた者に特有のものであり、「霊媒現象」（トランス状態になって意識を失い、霊が一方的にしゃべる現象）とは異なる。外国人霊の霊言の場合には、霊言現象を行う者の言語中枢から、必要な言葉を選び出し、日本語で語ることも可能である。

なお、「霊言」は、あくまでも霊人の意見であり、幸福の科学グループとしての見解と矛盾する内容を含む場合がある点、付記しておきたい。

# 第3章　ミャンマー問題への総括(そうかつ)

## ——釈尊(しゃくそん)の霊言(れいげん)——

二〇二一年二月十一日　収録

幸福の科学　特別説法堂(せっぽうどう)にて

## 釈尊（ゴータマ・シッダールタ）

約二千五、六百年前に、現在のネパールで生まれた仏教の開祖。当時、その周辺地域のカピラヴァスツを治めていた、釈迦族のシュッドーダナ王（浄飯王）とマーヤー夫人（摩耶夫人）の子として生まれる。王子として育てられるも、道を求めて二十九歳で出家し、三十五歳で大悟。鹿野苑で最初の説法（初転法輪）を行って以降、八十歳で入滅するまでインド各地で法を説き続けた。その後、仏教は世界宗教となる。「釈迦牟尼世尊（『釈迦族の偉大な方』の尊称）」を略して「釈尊」と呼ばれる。

［質問者はBと表記］

# 1　釈尊からミャンマー問題についての総括を賜る

## 「繁栄・発展も含んだ仏教的な精神を、今、広げられたらいい」

質問者B　よろしければ、短くとも結構なのですが、釈尊から総括のお言葉を頂ければと思います。

大川隆法　ああ、そうですか。

ゴータマ・シッダールタ、釈尊。

ゴータマ・シッダールタ、釈尊。

ミャンマー、ビルマに関して、お考えがありましたら、お願いしたいと思います。

（約五秒間の沈黙）

釈尊　はい。

質問者B　はい。本日は、スー・チーさんとフライン将軍の守護霊様をお呼びしまして、双方のご意見を聞かせていただきました。「仏教と政治や民主主義」のテーマが出てきましたので、ぜひ総括の言葉を賜れればと思います。

釈尊　まあ、インドで仏教は滅び、中国で滅び、そして日本でも今滅びようとしてきているのでね。大きな流れとしては、こちらも滅びていくのはしかたがないから、「新しい教え」を今立てようとしているところなので。

それについては、滅びていくものはしかたがないけれども、代わりの「新しい教え」を立てるのが、今われわれの仕事になっているので、そうした繁栄・発展も含んだ仏教的な精神を、今、広げられたらいいなと思っています。

### ミャンマーもタイも、宗教改革を含めた国の立て直しが必要

釈尊　うーん、ミャンマーは、それはきついと思います。

ちょっと、今、「軍事独裁」と「民主主義」を言っているけれども、もう一つ、本当は「信仰が役に立たないと思われている」というところが両方にあるので。民主主義国家にも、やはり科学万能になってきているところもあるし、軍事独裁のほうは、もう、そんな信仰なんか関係がないところですが、「利用できるなら利用する」という考えですけれども。

やはり、新しい宗教が、「仏教・キリスト教・イスラム教に代わる新しい宗教」が今必要だと、私は思っております。

まあ、このあたりも今ちょっと考えているんですが、前回も、国が荒れたときには、サイクロンが襲って、すごい避難民が出たときもあるので、日本だけで天変地

異が起きているわけではありません。こういう所でも天変地異が起きるのでね。

まあ、どうするか、今ちょっと相談しているところではあるのですけどね。

まあ、「仏教寺院があり、僧侶がいっぱいいる所を、まったく救わないのもいけないかな」とも思いつつも、タイもそうなんだけれども、仏陀の存在を信じているかどうかが怪しいぐらいに、もうなっているので。

もし、それが旧勢力になって、「新しい考え」をまったく阻むという感じだったら、ある程度、もう成り行きに任すしかないとは思いますが、「やはり改革運動を起こしたいな」というふうには思っています。

タイも難しいですよ。タイも、仏教はかなりあるのに、国王が〝神の代わり〟になっていて、軍部を握っている状態なので。

まあ、民衆の一部では、僧侶体験をすることが修行しているという感じになっているけれども、まあ、しょせん、もう永平寺の坐禅程度のもので、あるいは托鉢の練習をするぐらいのことになっていて、根本的な悟りの世界まで行けていないし、犯罪も多いしね。

だから、まあ、ここらでちょっと、宗教改革も含めて、国の立て直しをやる考え方が必要。

だから、幸福の科学も、入れるなら、できるだけ入っていただきたい。まあ、あまり、散財ばかりになってやりたくないかもしれないですけれども、少し、そうした仏教国であるところの改革には、何か力を発揮してもらいたいなあとは思っています。

## 「一人ひとりに仏性がある」という大乗仏教の教えはデモクラシーと一致

釈尊　ただ、まあ、〝大どころの戦い〟もありますから、大きいところの戦いが負けてはいけないので、ええ。

今、前線は、やはり香港・台湾のところだと思うのですが、香港のところでも民主主義否定で入っていますけれども。

もちろん、仏教の考えも、まあ、完全に民主主義と一致しているわけではありませんけれども、現代に遺っている大乗の教えのほうでは、やはり「一人ひとりに仏性がある」という考え方を基本にしているので、この考え方は西洋のデモクラシーとも一致する考え方であるし、デモクラシーも、やはり「人間の幸福が目的だ」という考えなので。

まあ、このへんの「幸福」の解釈についても議論はあるけれども、中国のほうは、唯物的な意味での、「満たされる」という意味での幸福にしかすぎないと思うので、もうちょっと精神的な意味で満たされている幸福を享受している、ブータンとか、そんなようなところまで滅ぼそうとしている魂胆が見えているのだったら、やはり、これは頑張って抵抗しなければいけないのではないかな。

だから、日本の企業家たちも、「中国と取引して儲かる」ということばかり考えていてはいけないのではないかな。

あそこで工場を広げて、いっぱい雇用を生んで、そして大金持ちになっている日本の企業家もいます。それは、「中国の人たちの生活をよくしたい」という気持ちだけを見れば、それは、まあ、悪いことではありませんが、「みんなの民度が上がれば、それは西洋型デモクラシーに近づいていくものだ」と思ってやっていたものなので。それが軍部独裁型、共産主義独裁型になっていくなら、これは、やがて不幸を生むことですから。

ああいう、教養のない、習近平のような人の「古代の法治主義」、要するに、「為政者にとって都合のいい法治主義」で人民を縛り上げ、情報を遮断して考えさせない国をつくっていくことを〝繁栄している〟と思うなら、「間違っている」ということをやはり言いたいし。デモクラシーのなかには「個々人の自由」や「個々人の思想」を大切にする考えも入っていて、これは、仏教的な意味でも、個々人が自分の修行を求めていくところと関係はありますので、何とか両立させながら、よい方向に導いていきたいと思っています。

## 物質的な欲望の実現しかない国に「心の革命」を教えることが大事

釈尊　まあ、このへんのビルマの未来は、たいへん悲しい状況にはあると思いますけれども、うーん、何とか「日本型繁栄」というのを、もっとキチッとつくりたいところですかね。日本も、まあ、苦しんでいるから、うーん、なかなかですけどね。

まあ、中国のこの〝煙幕作戦〟に騙されてはならないと思いますよ。

アメリカがコロナ感染三千万人？　中国は十万人で制圧が終わった？（収録当時）そして、今年は六パーセントの経済発展？　あと、欧米は全部マイナス成長？　こんなのはありえない考え方ですので。こういう〝イルージョン（幻影）〟で世界を支配しようとしているものに対しては、現実をやはり見せてやる必要はあるというふうに思いますね。

だから、うーん、「あの世」とか「心」とか、そういうものを無視している。「あの世」も「心」もないんですよ。この世の物質的な欲望の実現しかないので。だから、彼らに、「心の革命」を教えてやることが大事だと思っています。
　まあ、まず言論から入っていくのが、あなたがたの今のやり方ではあるから、広げていくことは大事ですね。
　あと、アメリカのほうは、バイデン政権でも、まあ、多少、抵抗していますけれども、やはり、「台湾・香港の人たちを護(まも)れ」という声、あるいはウイグル等について、中国のほうは全部言い訳をして、「外国による内政干渉(かんしょう)だ」と言っている。けれども、やはり、「実態を明らかにさせないような国に大権を与(あた)えてはならない」ということを伝えたい、うん。

質問者B　はい。ありがとうございます。
　（質問者たちに）よろしいですか。はい。

釈尊　では。

質問者B　本日は貴重なメッセージを頂きまして、ありがとうございました。

釈尊　（手を一回叩く）

## 2　日本は世界に責任を持つ国となれ

大川隆法　はい。ありがとうございました（手を一回叩く）。

突然でしたけれども、アウン・サン・スー・チーさん（守護霊）を中心に、「ミャンマーに平和は来るか」ということで話をしてみました。

本人も限りなく絶望していらっしゃるようではあるので、日本からの声を届けることができれば幸いです。

国際本部長、何ができるか分かりませんが、やれることがあったらやってあげてください。日本にいるミャンマーの人たちも、ちょっとは何か運動はしているのでしょうか。助けられることがあったら、やってあげてください。このあたりは、あまり採算だけで考えてはいけない部分かと思っています。

国際的に変動が、もう次に来なければいけない時期ですね。何とかブロックをかけないと、「悪の帝国」に支配されるようになってはいけないと思います。「水の革命」英語版、中国語版もできて、影響力が出そうですから、しっかり広げて、戦わなければいけないと思います。

特に、日本人はちょっと、うーん、傍観しているのがエゴイスティックに見えていると思うので。やはり今必要なのは、「価値判断が出せるリーダー」だと思うんですよね。やはり、アジアから価値判断を発信できなければいけないというふうに思っています。

だから、「ブータンが平和に暮らそうが、中国に取られようが、関係ない」という考えもあろうけれども、やはり、そういうわけにはいかないし、ミャンマーは、もう次は寺院も壊され、僧侶も殺され、軍部の独裁になるということで、「それで本当に世界でやっていけると思っているのか」ということを、この軍のトップはたぶん知らないレベルだと思うので、やはり啓蒙しなければいけないと思います。

もっと世界に責任を持つ国になりたいと思うし、それが、先の大戦でのもう一つのけじめだというふうに思っています。

質問者Ｂ　はい。本日はまことにありがとうございました。

大川隆法　はい。

古来、釈迦のように悟りを開いた人には、人知を超えた六種の自由自在の能力「六神通」（神足通・天眼通・天耳通・他心通・宿命通・漏尽通）が備わっているとされる。それは、時空間の壁を超え、三世を自在に見通す最高度の霊的能力である。著者は、六神通を自在に駆使した、さまざまなリーディングが可能。

本書に収録されたリーディングにおいては、霊言や霊視、「タイムスリップ・リーディング（対象者の過去や未来の状況を透視する）」「リモート・ビューイング（遠隔透視。特定の場所に霊体の一部を飛ばし、その場の状況を視る）」「マインド・リーディング（遠隔地の者も含め、対象者の思考や思念を読み取る）」「ミューチュアル・カンバセーション（通常は話ができないような、さまざまな存在の思いをも代弁して会話する）」等の能力を使用している。

〈特別収録〉ミャンマー・クーデターに対する
宇宙からのメッセージ
──ＵＦＯリーディング61（ウィルマー星ウィルマー）──

二〇二一年三月十日　収録
幸福の科学　特別説法堂（せっぽうどう）にて

［質問者はＡと表記］

## 〈リーディング収録の背景〉

本リーディングは、二〇二一年三月十一日に収録した「アウン・サン・スー・チーの守護霊霊言――ミャンマーに平和は来るか――」（本書第1章～第3章）の前日の夜、上空に現れたＵＦＯを調べるため、その場で収録されたものである。

## 1 ミャンマーへの援助(えんじょ)を求めに来た宇宙存在

### スー・チー女史と関係があるという宇宙人との交信を試みる

質問者Ａ　オッケーです。

大川隆法　(カメラにＵＦＯの映像が)入っているの?

質問者Ａ　はい。

大川隆法　はい。港区(みなと)上空、二〇二一年三月十日、夜十時過ぎです。こちらの方向はどちらかな。

質問者Ａ　（画面を見て）ああ、すごい。

大川隆法　西でしょうか。

質問者Ａ　斜め上にも、光る物体がちょっとうっすらと入っています。

大川隆法　うん、あります。今日はかなり出ています。星の数も多いのですが、ちょっと多すぎるので、違うものがだいぶ来ているようです。

質問者Ａ　えっ、あっ、すごい。ちょっと見てください。

大川隆法　そう？

質問者Ａ　この、ここに……、これがそうなんですけど、左上に二つ。

大川隆法　また出てきた？

質問者Ａ　チカチカ出ています。

大川隆法　いや、こちらの右上にもいるので。右上にもいるんですよ。

質問者Ａ　三つ目もありました。このへん、すごい……。

大川隆法　右上にもいるんですよ。だから、そこに小型機がいるんだと思うんですよ。小さいのがいるんですよ。

質問者A　はい。分かりました。

大川隆法　今、メインで捉(とら)えていると思うのが、たぶん肉眼ではオレンジ色に近く見えています。

かなり瞬(また)いていて、動いていると思われます。生命反応もあると感じられます。ほかにもちょっと生命反応があるようなものが、かなりいることはいるんですけれども、いちばん気になるので、ここと交信してみたいと思っています。

先ほど話したのでは、「ミャンマーのアウン・サン・スー・チーと関係がある」というようなことを言っていたので、今カメラで撮(と)ろうとしています。明日(あした)、できれば守護霊霊言(しゅごれいれいげん)とかを録(と)れたらと思っているところです。

もしもし、そこに映っているものよ、メッセージがあったら伝えてほしいと思います。あなたがたは、どこから来たものでしょうか。

## 影響力の強い日本にミャンマーへの助力を求めるウィルマー星人

大川隆法　「ウィルマー星」と言っています。ちょっと、発音がほんと「ビルマ」に似ていますね。ウィルマー星。

ああ、動いた。「ウィルマー星」と言っていますね。ウィルマー星で、何ですか。「今、ちょっと援助を求めに来ているんだ」と言っています。

質問者A　ああ。

宇宙人　ビルマを助けてほしいので、日本の助力を求めています。日本の言うことなら、かなり影響力は強いので。

欧米のほうは、ちょっと理解が足りないところもあると思っています。

質問者A　ちょっと遠いですものね。

宇宙人　イギリスとの関係も非常に微妙(びみょう)な関係なので、日本にもうちょっと主導権を持っていただきたいというふうに思っています。

大川隆法　ウィルマー星人ですね。

質問者A　ウィルマー星人。

大川隆法　うん。「ウィルマー星人で、アウン・サン・スー・チーと関係がある」と言っています。

## 人型で栗色の長い髪をした女性を含め、十三人がＵＦＯに乗っている

質問者Ａ　宇宙のあなたも女性ですか？

宇宙人　そうです。髪の毛が長い女性です。

質問者Ａ　人型ですか？

宇宙人　人型です。コスチュームは着ています。

質問者Ａ　着ています？

宇宙人　うん、うん。

質問者Ａ　黒髪ですか？

宇宙人　黒髪……、いや、黒髪ではありません。栗色(くりいろ)です。

質問者Ａ　今、何人乗りのＵＦＯですか？

宇宙人　今は十三人乗っています。

質問者Ａ　男女とかはあるんですか？

宇宙人　はい。男性も三人ほど乗っています。主として操縦士とか防衛用の警備担当をやっていて、まあ、女性が中心の乗り物です。

「国のリーダー層が仏教徒なので、今、みんな仏陀の助けを呼んでいる」

質問者A　UFOでも、(地上の人と)関連する魂の方が来てくださったということで。

宇宙人　そうです。宇宙のほうからも、今、気にしているので。中国も大変でしょうけれども、ミャンマーも、このままだと大変なことになる可能性があるので、何とか幸福の科学にも一枚嚙んでいただきたいなと。

(ミャンマーには)八人ほどしかまだ信者がいないのかもしれないけれども、坊さんたちが虐殺されて、アウン・サン・スー・チーもまた軟禁されている状況ですよね。何か外国の力が加わらないかぎり、解決しないと思います。

質問者A　宇宙的視点から見て、今ミャンマーが置かれている状況をどのように見ていらっしゃいますか？

宇宙人　絶望的です。ほぼ絶望的です。

スー・チー氏も、七十五歳の老齢の女性で、実際上、もう国を率いるだけの力はそんなに残ってはいません。だが、有力な後継者もいませんし、軍と対決できるほどの人もほかにはいません。

しかし、あとは、国のリーダーたちは、前回も大虐殺されましたですけれども、僧侶たちです。だから、リーダー層が仏教徒なんです。まあ、その意味で、仏陀をみんな呼んでいます。

仏陀の助けを呼んでいるので、何とか仏陀の……、仏陀の「救い」を、「慈悲」を降ろしていただきたいと思っています。

## 2 中国によるミャンマー乗っ取りの陰謀(いんぼう)

### ミャンマーの軍部に中国の手は伸(の)びている?

質問者A　今、ミャンマーの国のなかで価値観の対立が起きているとは思うんですけど。

宇宙人　はい、はい。

だから、スー・チーは、外国にも留学しているし、民主主義国家のような、そんな国を願っているところもあると思うし、日本みたいな国になりたいと思っている気持ちもあるとは思うんですけれども、軍部のほうは、「まだ民度が低くて、武力で制圧して言うことをきかせないと（いけない）。国民はそのレベルまで行っていないから、まだまだそんな時期ではないんだ。そういうふうなテイクオフ（離陸）は、まだできないんだ」という考えですね。

だから、「もっともっと強制的にいって、やっぱり働かせて言うことをきかせないと、まだ社会の建設ができないんだ」っていう、まあ、基本的にはそういう考えですね。〝軍事優先〟ですね。

質問者Ａ　今、香港では対中国、あと、ご近所のタイでも同じようなことが起きているとは思うのですけど。

宇宙人　タイでも、たぶん（そういうふうな）働きは起きています。

質問者Ａ　最近、『習近平思考の今』という本が届いたの

『習近平思考の今』（幸福の科学出版刊）

ですが。

宇宙人　はい、はい。

質問者Ａ　（この本のなかで）「宇宙的な視点から見ても、中国のような全体主義体制を目指す国には、〝暗黒側の触手〟が伸びている」と言われていて、そういうことが分かっているんですけど。

宇宙人　中国から見れば、「十四億の国をまとめて、大発展して、軍事的にも強くなって、言うことない状況なのに、アメリカみたいな、あんな喧嘩ばかりしているような政治にしたくはない」と、「こちらのほうが完成したかたちだ」と言っていて、そういう政治思想を発信しているわけですよね。

だから、「欧米というのは、もう、そういうまとまった〝調和と秩序のある国〟

をかき乱すのを目的にして、悪さをずっとしているんだ」と。これで、軍部で独裁しようとしている人たちにエールを送っているんですよね、一生懸命。

質問者Ａ　どうですか、ミャンマーにも、一部、同じような宇宙的力は働いていると思いますか？　今の軍事独裁に。

宇宙人　「宇宙」からというよりは、「中国」の手はもう伸びていますよね。

質問者Ａ　ああ、やはり中国を経由して？

宇宙人　そうそう。だから、もうイギリスとかアメリカとかから孤立してもね、中国の援助があれば……。

質問者A　やっていけると？

宇宙人　生きていけると思っているので。（ミャンマーの）軍部も〝裏支援〟をもう得ていると思います。

「選挙の不正」と称してスー・チー女史を軟禁した軍部の狙い

質問者A　では、表面では否定しているけれども、やはり中国の介入もあるのではないかと？

宇宙人　うん、うん。

「ロヒンギャ問題」がね、ちょっと弱点になっちゃったんですよ。

ロヒンギャっていうのは、イスラム教徒ですね。イスラム教徒の難民ですよ。バングラデシュに追い出したけど、戻ってきたりして、もう、国内でアウン・サン・

スー・チーもどう遇していいか分からないので。もう、軍部の強い力がやっぱり必要だから、軍部と和解したんですよね。そこを宥和した。その〝弱点〟を突っ込まれて。

去年は、スー・チー派は大勝したんだけれども、今度は、軍部のほうが「選挙に不正があった」とか称して、クーデターを起こして押さえて、スー・チーを軟禁しちゃったので。

そのもとになるのは、「ロヒンギャ問題」について。まあ、イスラム教ですからね。仏教は平和を中心にしているから、イスラム教はほんと苦手なんですよ。向こうは銃を持って、やって来るからね。

だから、このロヒンギャについては、スー・チーもあんまり〝ウェルカム〟でなかったところがあるので。

だから、「ノーベル平和賞をもらった人間が、難民を出して他国に追い出すようなことをやっていいのか」みたいなかたちで、ちょっと〝優柔不断〟が起きて、西洋からも批判が出て、ちょっとスー・チーが孤立したんですよ。孤立したところ……。

質問者A　その隙を狙われた？

宇宙人　孤立したところを、軍部が一気にクーデターを起こして、軟禁してしまって、というところですね。

だから、今、なかでは役所とか、あるいは警察からでも、一部、民衆の側に立つ人もいて抵抗もしているんですけれども、明確なリーダーとしては、もう七十五歳の老女になったスー・チーぐらいしかいないので。このまま軟禁しておれば、もうどうせ、いずれ死ぬと思っていますから。

## 「挟み込み作戦」と「経済戦争」という中国の巧妙な考え方とは

質問者Ａ　民主主義を推し進める旗手になる人が、スー・チーさん以外にまだ育っていないと？

宇宙人　だから、軍事独裁でやって、中国なんかと連携して。

これは中国の「挟み込み作戦」でもあるんですよ。中国は、タイとかフィリピンとかベトナムとかを牽制するためにも、ここを、ミャンマー、ビルマを押さえたい。挟み込み作戦でやりたいし、日本が中国から生産拠点をタイやビルマに移していく、ラオスに移していくことを、戦乱を起こしてね、それをさせないようにしようとしているんですよ。

彼らの考えは〝巧妙〟ですから、うん、実に。

質問者A　なるほど。何か、そういうところには、すごく頭がいいんですね。

宇宙人　すごく巧妙なんです、その考え方はね。だから、政情不安になったら、日本の工場はみんな撤退して、そこで生産しようとしませんから。そういうことには頭が回るんですよ、とっても。

質問者A　すごいですね。

宇宙人　だから、「経済戦争」もやっているんです、同時に。

「中国の狙いはミャンマー乗っ取りだから、軍部は傀儡政権にされる」

質問者A　なるほど。あと、「ミャンマーは仏教国」というところで、一点お訊きしたいんですけれども。

例えばタイですと、近年、少し霊査をした結果、仏教国とは言いつつ、「もう仏陀は生まれ変わらない」といいますか、けっこう信仰が薄くなってしまっていて、かたちだけの仏教国になってしまっていて、まあ、そちらもけっこう大変な状況かなと思うんですけれども、ミャンマーの仏教はどうでしょうか。タイみたいになってしまっているのか、もう少しまだ本当の信仰があるのか。

宇宙人　基本は小乗仏教だから、やっぱり「神」に当たるものがない、あるいは、「仏陀が現在ただいま、どうしているか」ということについて、まったく消息が分からない状況。

質問者Ａ　分からないと。

宇宙人　だから、国王がタイにはいるけれども。〝神の代わり〟が国王なんだけど。

ビルマには神がいないんですよ。その意味で、軍部が独裁して、〝神の代わり〟に……。

質問者A　なろうとしていると？

宇宙人　〝皇帝（こうてい）〟をつくろうとしているわけですよ、中国風にね。これは、でも思想戦としては、裏からは中国寄りのものが入っているんです。

質問者A　では、今、最高の将軍になっている方は、中国の手引きを受け、中国の手先みたいになっているところはあるのでしょうか？

宇宙人　うん、まあ、指示も受けているし、後援も取り付けているし、軍部だけど、傀儡（かいらい）政権にされるでしょうね、おそらく。

まあ、中国が狙っているのは、〝乗っ取り〟ですから。もうとにかく、自分たちの事実上の植民地を増やすことなんで。

次は、南シナ海、東シナ海を取るのに戦いが有利に進むために挟み撃ちが必要だし、台湾も取らなきゃいけないし。

そういう意味で、反欧米、反イギリス、反アメリカの国は増やしていかなければいけないんで。

## 中国は南下して「インドシナ半島を全部取りたい」と思っている

質問者A　では、明日もあるので、最後のほうになりますけれども、明日は〝地球的なスー・チー様〟の守護霊様に意見をお伺いすることになると思うのですが、〝宇宙的なスー・チーさん〟から見て、明日、守護霊様ではまだ言えない論点がもしおありになれば。

宇宙人　うーん……、だからねえ、ほんと怖いんですよ。中国が、南下してねえ、「インドシナの半島を全部取りたい」って気持ちを持っているから。

それから、フィリピンも押さえ、台湾も押さえて、海を全部制圧して、海のシルクロードで石油地帯まで全部押さえようと、今思っているので。これは、アメリカ大統領が代わったのと……。

まあ、どうするか。今年は〝チャレンジの年〟になると思いますけどね。要するに、「民主主義というのを追い出すか」「軍政でやったほうが強いかどうか」っていうのを試す年なんです、今年ね。

だから、まあ、大川隆法総裁が、「民主主義」のほうを擁護していて……。宗教にとっては、必ずしもそんなに有利ではないこともあるんですけれども、地上で軍部なんかに制圧されてしまえば、もう手も足も出ませんから。やっぱり一般市民が選んだ人が、軍なんかも統制できるようにしなければいけないので。その意味では、（民主主義は）大事だと私は思っているんですよ。

だから、民主主義を今支援しているのは、当然、そのほうがよいと思っているんですよ。信仰を失っているところは問題がありますけどね。

## バイデン政権を揺さぶっている中国が、次に紛争を起こすのは？

宇宙人　だから、バイデンも今試されているんですよ。中国の香港問題・台湾問題以外のところにも、（中国は）こうやって発火点をつくってね、揺さぶっているんですよ。

実は、これも「陰謀」なんですよ。揺さぶっているんです。だから、「やれるかな？」って。「何ができる？」って。

次は、インドの国境線の所で紛争を起こしますから。とにかく、いろんな所で紛争を起こして、「やれるかな？」って。それから、シリア周辺でも起こしているし、イラン辺でも起きますから。

いろんな所でね、いろんな紛争を起こして、陰から支援しているんですよ。そして、（バイデン）政権を揺さぶっているんですよ、やれるかどうか。

質問者Ａ　なるほど。試していると？

宇宙人　試しているんです。

## 3　ウィルマー星人の憂いと願い

### ウィルマー星は、二十万光年離れた、信仰深くて女性が優位な星

質問者A　ちなみに、ＵＦＯリーディングなので。

宇宙人　はい。

質問者A　ウィルマー星は地球から遠いんですか。

宇宙人　そうですねえ。距離でいくと、うーん、二十万光年ぐらいありますかねえ。そのくらいにありますかね。

質問者Ａ　なるほど。どんな星ですか。神様とかはいるんですか。

宇宙人　うーん。そうですね、基本は信仰深い星なんですけどね。信仰深い星ではあるんですけれども、どちらかというと女性がかなり優位な星ですね。

質問者Ａ　そのウィルマー星からミャンマーに降りている人というのは、やはり多いんですか。

宇宙人　いや、多くない。

質問者Ａ　そういうわけではない？

宇宙人　多くはないです。

質問者Ａ　そうなんですね。

宇宙人　多くはないです。ただ、スー・チーはちょっと宇宙につながっている魂（たましい）がいるので、私たちはちょっと今見ている。

質問者Ａ　では、何らかの使命を持って生まれた方であったのでしょうか。

宇宙人　だけど、もう完成できない可能性が高いですわねえ、今のままだと。

## ウィルマー星人はエル・カンターレをどのように見ているか

質問者Ａ　エル・カンターレはご存じなんですか。

宇宙人　知ってますよ。もちろん知ってる。

質問者Ａ　どんな感じでウィルマー星の人は見ているんでしょう？

宇宙人　やっぱり、釈尊の延長上の偉大な方だと思っています。

質問者Ａ　宇宙的にも、釈尊は偉大だと、みんな知っているのですか？

宇宙人　うーん、まあ、釈尊という名前で知っているかどうかは知りませんが、エル・カンターレや、その「変名」はよく知っています。

質問者Ａ　変名というのは？

宇宙人　ほかにも名前が幾つかありますから。

質問者Ａ　あなたがご存じの名前は何かありますか。

宇宙人　いや、私のほうは、「仏陀」とか「釈尊」のほうで理解しています。

質問者Ａ　理解しているのですね。

宇宙人　ビルマは仏教国ですので、そちらのほうで理解していますが。

あとは、近くでよく来ているのは、「ラ・ムー」とかいう魂もよく来ていますね。

『公開霊言　超古代文明ムーの大王　ラ・ムーの本心』（幸福の科学出版刊）

質問者A　その星に？

宇宙人　いやいや、今、見ているところ（ビルマ）ですね。

質問者A　ああ、そうですか。

宇宙人　うん。

質問者A　ラ・ムー様も見てくださっているのですね？

宇宙人　うん。東南アジアのほうは、ラ・ムーが見ていますので。

質問者Ａ　ときどき見ているのですか？
宇宙人　まあ、ちょっと憂慮（ゆうりょ）しています。

何とかして……。先の日本がね、近代化したかったことができなかった地域ですのでね。これを何とか、日本の力も入れて近代化したいと思っているところはあるんですよ。

## ウィルマー星で重要視している価値観は「美」と「平和」

質問者Ａ　最後から二つ目の質問ですけど、ウィルマー星で重要視されている価値観というか、精神性というのはどういうものなのでしょうか。
宇宙人　やっぱり「美」と「平和」なんです。

質問者A　美と平和？

宇宙人　うん。

質問者A　美というのは、どんな美を目指されているのでしょうか。

宇宙人　うーん、まあ、「心が美しければ、外見も美しくなる」っていう考え方を持っています。

質問者A　なるほど。あと、平和のところはどうでしょう？　今、いちおうスー・チーさんご自身はいろいろ、まあ、その……。

宇宙人　争いは、ほんとは、そんなに……。

質問者A　好きではないのですか?

宇宙人　好まないのですが。ただ、ときどき侵略者にやられることがあるのでね。だから、そういう意味で、武力で戦えるような星の人たちとも同盟関係とかをつくらないと、護れないことはあります。

質問者A　なるほど。

## アジアに仏教国が残り、発展することを願うウィルマー星人

質問者A　「正義観」はあるのですか?　正義の考えもありはしますか?

宇宙人　はい。だから、私たちの星から、ビルマを護りに来てはいるんだけど、力

がなくて、残念ながら。

まだ、（宇宙存在の）ヤイドロンさんたちは日本のほうに張りついているので。

質問者A　そうですね。

宇宙人　ちょっと、まだビルマまで、そんなに考えてくれてないので。

質問者A　ヤイドロンさんをご存じではあると？

宇宙人　ああ、知ってますけど、まあ、ちょっと、（ヤイドロンさんは）もっと強い敵と戦うつもりでいるので。

『ヤイドロンの本心』
（幸福の科学出版刊）

質問者Ａ　さらにその〝本丸〟と戦おうとしていらっしゃるということですよね。

宇宙人　そうそう、そうそう。だから、私らは、まだまだ〝派出所〟みたいなものなので。だから、ビルマなんか、どうにでもできるんですよ。イギリスでもアメリカでも日本でも、ほんとはね、どうにでもできる国なんですけどね。
「まだ〝本丸〟じゃないから……」と思っているけど、なんか、でもビルマも大量虐殺とかね、そういうことになりたくないし、ビルマの仏教が潰れるのも悲しいでしょう？

質問者Ａ　そうですね。

宇宙人　もう、数少ない仏教国なので。少ないので、仏教が残っているところ。
それも、イスラム教徒との融和のところもとても難しいので。イスラム教にやっぱり取られてしまっても、また物騒（ぶっそう）な国になりますから。アジアには、やっぱり仏教国があったほうがいいと思うし、仏教国が発展したらいいと思うし。チベットみたいに、国がなくなったところもあるからね。これ、ビルマに仏教国がなくなる。

次はタイがなくなりますから。タイだって、もう軍部独裁になれば、仏教国としては終わりがやがて来ると思いますよ。

このへん、次の手を打たなければいけないところですね。

## ＵＦＯの形はダイヤモンド型で、何機か護衛が来ている

質問者Ａ　分かりました。最後の質問なのですけれども、ＵＦＯの形はいかがでしょうか。

宇宙人　ああ、それでいいんですか。ダイヤモンド型をしています、ちょっと。

質問者Ａ　ダイヤモンド型？

宇宙人　うん、ダイヤモンドの形をしています。だから、どういうふうな……、富士山が湖に映っているような感じ、上と下が。

質問者Ａ　なるほど。

宇宙人　そんなような感じ。

質問者Ａ　セットで？

宇宙人　そうそう、そうそう。上下、両方ある。

質問者Ａ　何階建てとかいうのはあるんですか。

宇宙人　何階建てというのがあるわけではありませんけど。

質問者Ａ　そうか、十三人だから。

宇宙人　うん、まあ、ダイヤモンド型で、上の富士山が、なんか湖に映っているような姿ですよ。

質問者Ａ　ここの画面上ですと、ここに二つ、さっきから、ずっとピョコピョコ動く小さい点があり、一緒（いっしょ）に移動しているんですけど。

宇宙人　はい、はい。それは一人乗りのやつが……。

質問者Ａ　護衛しているのですか？

宇宙人　左側と、右上にも実はあるんですが、何機か護衛が来ています。

外交官のような立場で、母星ではサリーあるいは天女型の服装になる

質問者Ａ　ウィルマー星では、どのくらいの立ち位置の方だとかあるんですか。

宇宙人　私？

質問者Ａ　はい。

宇宙人　そうですね。地球で言うと、「外交官」ぐらいの感じでしょうか。

質問者A　なるほど。服装は？　……（先ほどから言っていた）もう最後から二番目（の質問）とか全然嘘になってしまっていますが（笑）。

宇宙人　今はコスチュームなんですけど、地上に降りた……、ここじゃないですけど、地上というか、向こうの星に降りたときは、やや「サリー」あるいは「天女型の服装」になります。

## ウィルマーとは「仏を信じる者」というぐらいの意味

質問者A　分かりました。はい。何か最後に言いたいことはありますか。

宇宙人　私の名前はウィルマーっていいます、やっぱり。すみません。

質問者Ａ　ウィルマー星のウィルマーさん。

ウィルマー　ウィルマー。

質問者Ａ　地球人に分かりやすく言うと、そういうふうな言葉に変換(へんかん)されるということ？

ウィルマー　そうそうそう、そうそうそう。もしかしたら、現地の言葉で言ったら「ビルマ」になるかもしれませんが、要するに、「ビルマ大使」ということですね、うん。

「ウィルマー」と私たちは言うので。まあ、ウィルマーと……、「ウィルマーさん」と呼んでくれてもいいし、「ウィルマー星人」でもいいし。

質問者A　何か意味はあるんですか？　ウィルマーっていうこと……、あっ、ビルマって意味でしたでしょうか。

ウィルマー　うん。いちおうね、「仏を信じる者」ぐらいの意味なんですよ。

質問者A　そうですか。

ウィルマー　うん。

質問者A　ちょっと、だいぶ位置が。

大川隆法　動いていますか。

質問者A　位置が下がって。

大川隆法　下がってきましたね。

質問者A　（カメラで）ちょっと捉えづらくなってしまいました。すみません。

## ミャンマーの軍部に、中国が入っていることは知っておいてほしい

ウィルマー　うん。明日、またお仕事ができればいいですね。

「軍部」に関しましては、やっぱり、民衆の力と、外国の報道機関や、いろんな経済制裁等を受けて交代……、総選挙の結果を受け入れて民主的なものにするよう、進めていきたいとは思っているんですけど。ちょっと「中国のほうが入っている」

ということは知っといてほしいということですね。

質問者A　はい。分かりました。

ウィルマー　まあ、スー・チーの寿命（じゅみょう）がそんなにあるかどうかが分かりませんので。

質問者A　最後、（画面上の色が）薄（うす）くなってしまいました。

大川隆法　もうすぐ見えなくなるかもしれません。

質問者A　もう画面で、ちょっと……。

（お話は）分かりました。

ウィルマー　では、日本のみなさまにも、ちょっと頭の片隅に置いてくださるようにお願いします。

質問者A　ありがとうございました。

ウィルマー　少なくとも、（幸福の科学の）信者がいらっしゃることを聞いて、ありがたいと思っています。

質問者A　はい。分かりました。

大川隆法　はい。

## あとがき

小乗仏教といわれる個人修行を中心に考える仏教を信じる人たちにも言いたい。諸行無常、諸法無我、涅槃寂静を三法印（三つの旗印）とする釈尊の仏教は、唯物論、無神（仏）論を説いたものでもなく、死後の世界を否定したものでもない。霊界や霊魂を無視しても「超能力者」は存在しえるが、真の「宗教家」は存在しえない。何のために修行し、何のために葬式を出し、何のために法要があるのか。悟りを求めるとは、本当に、炭火は、やがて灰になって消える、程度のことだと思っているのか。

人がこの世に肉体を持って生きるのは、心を磨くためである。その心こそ、あの世といわれる実在界で生きていくための実体である。この世では、いかに正しく、高尚な、愛に満ちた生涯を生きるかが、来世を決める鍵なのだ。他人の不幸に無関心になってはならない。

二〇二一年　三月十九日

幸福の科学グループ創始者兼総裁　大川隆法

## 『ミャンマーに平和は来るか』関連書籍

『未来の法』（大川隆法 著　幸福の科学出版刊）
『習近平思考の今』（同右）
『公開霊言 超古代文明ムーの大王 ラ・ムーの本心』（同右）
『ヤイドロンの本心』（同右）

ミャンマーに平和(へいわ)は来(く)るか
——アウン・サン・スー・チー守護霊、
ミン・アウン・フライン将軍守護霊、釈尊の霊言——

2021年3月30日　初版第1刷

著　者　大川(おおかわ)　隆法(りゅうほう)

発行所　幸福の科学出版株式会社

〒107-0052　東京都港区赤坂2丁目10番8号
TEL(03)5573-7700
https://www.irhpress.co.jp/

印刷・製本　株式会社 堀内印刷所

落丁・乱丁本はおとりかえいたします

ISBN978-4-8233-0259-6 C0030
カバー EPA ＝時事
帯 クレジット：AFP ＝時事, f11photo / Shutterstock.com
装丁・イラスト・写真（上記・パブリックドメインを除く）©幸福の科学

## 大川隆法 霊言シリーズ・世界情勢を読む

# トランプは死せず

### 復活への信念

戦いはまだ終わらない──。退任後も世界正義実現への強い意志を持ち続けるトランプ氏の守護霊が、復活への構想や、リーダー国家・アメリカの使命を語る。

1,540 円

---

# バイデン守護霊の霊言

### 大統領就任直前の本心を語る

繁栄か、没落か？ アメリカ国民の選択は、はたして正しかったのか？ 内政から外交まで、新大統領バイデン氏の本心に迫るスピリチュアル・インタビュー。

1,540 円

---

# イギリス・イランの転換点について

英語霊言
英日対訳

### ジョンソン首相・ロウハニ大統領・ハメネイ師・トランプ大統領守護霊の霊言

ＥＵ離脱でイギリスは復活するのか？ 米とイランの和解はあるのか？ 各国の首脳に本心を訊く！ 安倍首相・グレタ氏守護霊、ガイアの霊言を同時収録。

1,540 円

---

# 長谷川慶太郎の未来展望

### コロナ禍の世界をどう見るか

「神の政治学」「神の経済学」を21世紀前期に打ち樹てられるか？ 世界恐慌の可能性、米中覇権戦争の行方などを、“霊界国際エコノミスト”が大胆予測！

1,540 円

※表示価格は税込10%です。

# 大川隆法 霊言シリーズ・中国に潜む闇の真相

## 習近平思考の今

米大統領選でのバイデン氏当選後、習近平主席の考え方はどう変化したのか？中国の覇権拡大の裏にある「闇の宇宙存在」と世界侵略のシナリオが明らかに。

1,540円

## 大中華帝国崩壊への序曲

**中国の女神 洞庭湖娘娘、泰山娘娘／アフリカのズールー神の霊言**

唯物論・無神論の国家が世界帝国になることはありえない――。コロナ禍に加え、バッタ襲来、大洪水等、中国で相次ぐ天災の「神意」と「近未来予測」。

1,540円

## 習近平の娘・習明沢の守護霊霊言

**「14億人監視社会」陰のリーダーの"本心"を探る**

2030年から35年に米国を超え、世界制覇の野望を抱く中国。「監視社会」を陰で操る、習近平氏の娘・習明沢氏の恐るべき計画とは。毛沢東の後継者・華国鋒の霊言も収録。

1,540円

## 毛沢東の霊言

**中国覇権主義、暗黒の原点を探る**

言論統制、覇権拡大、人民虐殺――、中国共産主義の根幹に隠された恐るべき真実とは。中国建国の父・毛沢東の虚像を打ち砕く！

1,540円

## 大川隆法 霊言シリーズ・地球の未来を拓く指針

# R・A・ゴール 地球の未来を拓く言葉

今、人類の智慧と胆力が試されている──。コロナ変異種拡大の真相や、米中覇権争いの行方など、メシア資格を有する宇宙存在が人類の未来を指し示す。

1,540円

# ウィズ・セイビア 救世主とともに

### 宇宙存在ヤイドロンのメッセージ

正義と裁きを司る宇宙存在が示す、地球の役割や人類の進むべき未来とは? 崩壊と混沌の時代のなかで、宇宙人の側から大川隆法総裁の使命を明かした書。

1,540円

# 釈尊の未来予言

新型コロナ危機の今と、その先をどう読むか──。「アジアの光」と呼ばれた釈尊が、答えなき混沌の時代に、世界の進むべき道筋と人類の未来を指し示す。メタトロン、ヤイドロンの霊言も収録。

1,540円

# シヴァ神の眼から観た地球の未来計画

コロナはまだ序章にすぎないのか? 米中覇権戦争の行方は? ヒンドゥー教の最高神の一柱・シヴァ神の中核意識より、地球の未来計画の一部が明かされる。

1,540円

※表示価格は税込10%です。

## 大川隆法 霊言シリーズ・宇宙の光と闇の戦い

# ゾロアスター 宇宙の闇の神と どう戦うか

全体主義国家・中国の背後に働く「闇の力」とは？ かつて宇宙の闇の神と戦ったゾロアスターが、その正体と企みを明らかにした人類への警世の書。

1,540 円

---

# ヤイドロンの本心

### コロナ禍で苦しむ人類への指針

アメリカの覇権が終焉を迎えたとき、次の時代をどう構想するか？ 混沌と崩壊が加速する今の世界に対して、宇宙の守護神的存在からの緊急メッセージ。

1,540 円

---

# 地球を見守る 宇宙存在の眼

### R・A・ゴールのメッセージ

メシア資格を持ち、地球の未来計画にも密接にかかわっている宇宙存在が、コロナ危機や米大統領選の行方、米中対立など、今後の世界情勢の見通しを語る。

1,540 円

---

# メタトロンの霊言

### 危機にある地球人類への警告

中国と北朝鮮の崩壊、中東で起きる最終戦争、裏宇宙からの侵略──。キリストの魂と強いつながりを持つ最上級天使メタトロンが語る、衝撃の近未来。

1,540 円

一度だけ、泣いた女。
美しき誘惑
〜現代の「画皮」〜
製作総指揮・原作／大川隆法
長谷川奈央　市原綾真　芦川よしみ　モロ師岡　矢部美穂　中西良太　デビット伊東　千眼美子（特別出演）　杉本彩　永島敏行
監督／赤羽博 音楽／水澤有一 脚本／大川咲也加 製作／幸福の科学出版 製作協力／ニュースター・プロダクション ARI Production
制作プロダクション／ジャンゴフィルム 配給／日活 配給協力／東京テアトル ©2021 IRH Press
2021年5月14日(金)ロードショー
utsukushiki-yuwaku.jp

正しき者よ、
戦え。
長編アニメーション映画
製作総指揮・原作 大川隆法
宇宙の法
エローヒム編
2021年秋 ROADSHOW

# 幸福の科学グループのご案内

**宗教、教育、政治、出版などの活動を通じて、地球的ユートピアの実現を目指しています。**

## 幸福の科学

一九八六年に立宗。信仰の対象は、地球系霊団の最高大霊、主エル・カンターレ。世界百四十カ国以上の国々に信者を持ち、全人類救済という尊い使命のもと、信者は、「愛」と「悟り」と「ユートピア建設」の教えの実践、伝道に励んでいます。

（二〇二一年三月現在）

### 愛

幸福の科学の「愛」とは、与える愛です。これは、仏教の慈悲（じひ）や布施（ふせ）の精神と同じことです。信者は、仏法真理をお伝えすることを通して、多くの方に幸福な人生を送っていただくための活動に励んでいます。

### 悟り

「悟り」とは、自らが仏の子であることを知るということです。教学（きょうがく）や精神統一によって心を磨き、智慧（ちえ）を得て悩みを解決すると共に、天使・菩薩（ぼさつ）の境地を目指し、より多くの人を救える力を身につけていきます。

### ユートピア建設

私たち人間は、地上に理想世界を建設するという尊い使命を持って生まれてきています。社会の悪を押しとどめ、善を推し進めるために、信者はさまざまな活動に積極的に参加しています。

国内外の世界で貧困や災害、心の病で苦しんでいる人々に対しては、現地メンバーや支援団体と連携して、物心両面にわたり、あらゆる手段で手を差し伸べています。

年間約２万人の自殺者を減らすため、全国各地で街頭キャンペーンを展開しています。

公式サイト **www.withyou-hs.net**

**自殺防止相談窓口**

受付時間　火～土:10～18時（祝日を含む）

TEL **03-5573-7707**　メール **withyou-hs@happy-science.org**

ヘレン・ケラーを理想として活動する、ハンディキャップを持つ方とボランティアの会です。視聴覚障害者、肢体不自由な方々に仏法真理を学んでいただくための、さまざまなサポートをしています。

公式サイト **www.helen-hs.net**

## 入会のご案内

幸福の科学では、大川隆法総裁が説く仏法真理をもとに、「どうすれば幸福になれるのか、また、他の人を幸福にできるのか」を学び、実践しています。

入会

### 仏法真理を学んでみたい方へ

大川隆法総裁の教えを信じ、学ぼうとする方なら、どなたでも入会できます。入会された方には、『入会版「正心法語」』が授与されます。

ネット入会　入会ご希望の方はネットからも入会できます。
**happy-science.jp/joinus**

三帰誓願

### 信仰をさらに深めたい方へ

仏弟子としてさらに信仰を深めたい方は、仏・法・僧の三宝への帰依を誓う「三帰誓願式」を受けることができます。三帰誓願者には、『仏説・正心法語』『祈願文①』『祈願文②』『エル・カンターレへの祈り』が授与されます。

幸福の科学 サービスセンター
TEL 03-5793-1727
受付時間/
火～金:10～20時
土・日祝:10～18時
（月曜を除く）

幸福の科学 公式サイト
happy-science.jp

## 仏法真理塾「サクセスNo.1」

全国に本校・拠点・支部校を展開する、幸福の科学による信仰教育の機関です。小学生・中学生・高校生を対象に、信仰教育・徳育にウエイトを置きつつ、将来、社会人として活躍するための学力養成にも力を注いでいます。

TEL 03-5750-0751(東京本校)

## エンゼルプランV

東京本校を中心に、全国に支部教室を展開しています。信仰に基づいて、幼児の心を豊かに育む情操教育を行っています。また、知育や創造活動を通して、子どもの個性を大切に伸ばし、天使に育てる幼児教室です。

TEL 03-5750-0757(東京本校)

## 不登校児支援スクール「ネバー・マインド」

TEL 03-5750-1741

心の面からのアプローチを重視して、不登校の子供たちを支援しています。

## ユー・アー・エンゼル!(あなたは天使!)運動

障害児の不安や悩みに取り組み、ご両親を励まし、勇気づける、障害児支援のボランティア運動を展開しています。

一般社団法人 ユー・アー・エンゼル
TEL 03-6426-7797

### NPO活動支援

いじめから子供を守ろうネットワーク

学校からのいじめ追放を目指し、さまざまな社会提言をしています。また、各地でのシンポジウムや学校への啓発ポスター掲示等に取り組む一般財団法人「いじめから子供を守ろうネットワーク」を支援しています。

公式サイト mamoro.org　ブログ blog.mamoro.org
相談窓口 TEL.03-5544-8989

---

## 百歳まで生きる会

「百歳まで生きる会」は、生涯現役人生を掲げ、友達づくり、生きがいづくりをめざしている幸福の科学のシニア信者の集まりです。

## シニア・プラン21

生涯反省で人生を再生・新生し、希望に満ちた生涯現役人生を生きる仏法真理道場です。定期的に開催される研修には、年齢を問わず、多くの方が参加しています。
全世界212カ所(国内197カ所、海外15カ所)で開校中。

【東京校】 TEL 03-6384-0778　FAX 03-6384-0779
メール senior-plan@kofuku-no-kagaku.or.jp

# 幸福実現党

内憂外患の国難に立ち向かうべく、2009年5月に幸福実現党を立党しました。創立者である大川隆法党総裁の精神的指導のもと、宗教だけでは解決できない問題に取り組み、幸福を具体化するための力になっています。

幸福実現党NEWS
迫りくる人権弾圧国家の脅威
中国依存で日本は滅びる？
平気で人の命や自由を奪う中国

党の機関紙
「幸福実現党NEWS」

幸福実現党 釈量子サイト **shaku-ryoko.net**
Twitter **釈量子@shakuryokoで検索**

## 幸福実現党 党員募集中

### あなたも幸福を実現する政治に参画しませんか。

◯幸福実現党の理念と綱領、政策に賛同する18歳以上の方なら、どなたでも参加いただけます。
◯党費：正党員（年額5千円［学生 年額2千円］）、特別党員（年額10万円以上）、家族党員（年額2千円）
◯党員資格は党費を入金された日から1年間です。
◯正党員、特別党員の皆様には機関紙「幸福実現党NEWS（党員版）」（不定期発行）が送付されます。

＊申込書は、下記、幸福実現党公式サイトでダウンロードできます。
住所：〒107-0052 東京都港区赤坂2-10-8 6階 幸福実現党本部
TEL **03-6441-0754** FAX **03-6441-0764**
公式サイト **hr-party.jp**

# 幸福の科学出版

大川隆法総裁の仏法真理の書を中心に、ビジネス、自己啓発、小説など、さまざまなジャンルの書籍・雑誌を出版しています。他にも、映画事業、文学・学術発展のための振興事業、テレビ・ラジオ番組の提供など、幸福の科学文化を広げる事業を行っています。

アー・ユー・ハッピー?
**are-you-happy.com**

ザ・リバティ
**the-liberty.com**

幸福の科学出版
TEL **03-5573-7700**
公式サイト **irhpress.co.jp**

THE FACT

**ザ・ファクト**
マスコミが報道しない
「事実」を世界に伝える
ネット・オピニオン番組

ザ・ファクト 検索

NEW STAR PRODUCTION

# ニュースター・プロダクション

「新時代の美」を創造する芸能プロダクションです。多くの方々に良き感化を与えられるような魅力あふれるタレントを世に送り出すべく、日々、活動しています。 公式サイト **newstarpro.co.jp**

ARI Production

# ARI Production

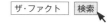

タレント一人ひとりの個性や魅力を引き出し、「新時代を創造するエンターテインメント」をコンセプトに、世の中に精神的価値のある作品を提供していく芸能プロダクションです。 公式サイト **aripro.co.jp**

# 大川隆法　講演会のご案内

大川隆法総裁の講演会が全国各地で開催されています。講演のなかでは、毎回、「世界教師」としての立場から、幸福な人生を生きるための心の教えをはじめ、世界各地で起きている宗教対立、紛争、国際政治や経済といった時事問題に対する指針など、日本と世界がさらなる繁栄の未来を実現するための道筋が示されています。

2020年12月8日 さいたまスーパーアリーナ
「"With Savior"(ウィズ・セイビア)―救世主と共に―」

2019年10月6日 ザ ウェスティン ハーバーキャッスル トロント(カナダ)
「The Reason We Are Here」

2019年12月17日 さいたまスーパーアリーナ
「新しき繁栄の時代へ」

2019年3月3日 グランド ハイアット 台北(台湾)
「愛は憎しみを超えて」

2019年7月5日 福岡国際センター
「人生に自信を持て」

講演会には、どなたでもご参加いただけます。
最新の講演会の開催情報はこちらへ。 ⟹

大川隆法総裁公式サイト
https://ryuho-okawa.org